全国老年大学统编教材

《门球之苑》编辑部　主编

老 年 人

门球

教程

人民邮电出版社

北京

图书在版编目（ＣＩＰ）数据

老年人门球教程 / 《门球之苑》编辑部主编. —— 北
京：人民邮电出版社，2023.9
ISBN 978-7-115-62195-5

Ⅰ．①老… Ⅱ．①门… Ⅲ．①门球运动—教材 Ⅳ.
①G849.9

中国国家版本馆CIP数据核字(2023)第121185号

免 责 声 明

内 容 提 要

本书是专门为老年读者打造的门球运动入门读物。本书包括 4 章，系统讲解了门球基础知识、门球技术、门球战术和门球裁判与规则的相关内容。本书讲解深入浅出，实战案例丰富，并配有各种技战术的详解、视频示范，可以帮助老年读者全面了解门球知识，迅速掌握学习要点。本书还可以直接用于各级老年大学的授课。

◆ 主　　编　《门球之苑》编辑部
　　责任编辑　刘日红
　　责任印制　彭志环
◆ 人民邮电出版社出版发行　　北京市丰台区成寿寺路 11 号
　　邮编　100164　　电子邮件　315@ptpress.com.cn
　　网址　https://www.ptpress.com.cn
　　廊坊市印艺阁数字科技有限公司印刷
◆ 开本：787×1092　1/16
　　印张：12　　　　　　　　　　　　2023 年 9 月第 1 版
　　字数：171 千字　　　　　　　　2025 年 4 月河北第 4 次印刷

定价：58.00 元

读者服务热线：(010)81055296　印装质量热线：(010)81055316
反盗版热线：(010)81055315

全国老年大学统编教材
编委会

老年人体育活动指导系列图书
编委会

本书编委会

委　员　（按姓氏笔画排序）

马　玲　　马金凤　　王维亚　　朱家托　　任　波　　刘小灵

刘脉之　　齐　欣　　关新国　　杜占武　　李　彦　　张　进

张玉生　　张承颖　　张新民　　陈国英　　范晓东　　罗文锦

周　正　　郑　谦　　赵　喆　　贺志军　　徐勋炳　　唐　勇

彭方全　　焦兰贵　　燕军君

总序

    由中国老年大学协会组织编写的全国老年大学通识课程教材即将面世，这是我国老年教育和老年大学发展史上一件具有开创性意义的举措。

    我们国家的老年教育，在党和政府的高度重视以及社会各界的广泛参与下，适应了老龄社会发展和老年群体需求，一直保持着健康快速的发展态势，并逐步取得了令世人瞩目的巨大成就。党的十八大以来，习近平总书记多次发表重要讲话，指出人口老龄化事关国家发展全局和亿万百姓福祉。强调要坚持党委领导、政府主导、社会参与、全民行动相结合，推动老龄事业全面可持续发展。党中央、国务院陆续公布实施的《老年教育发展规划（2016—2020年）》《老龄事业"十三五"规划》《加快推进教育现代化实施方案（2018—2022年）》等重要文件，对做好老龄工作、发展老龄事业做出了新的重大部署，对老年教育发展制定了明确的规划，有力地推动了我国应对人口老龄化的全面工作。目前我国老年教育的发展和老年大学的工作，已经呈现出党政主导、社会参与、多方支持的大好局面。

    中国老年大学协会作为国家民政部所属的社会组织，自1988年12月成立以来，认真贯彻落实党和政府关于老年教育的方针政策，充分发挥桥梁纽带和凝聚作用，广泛联系各地老年大学、老年学校，大力宣传"增长知识、丰富生活、陶冶情操、促进健康、服务社会"的老年大学办学宗旨，促进各地老年大学、老年学校在办学原则、培养目标、专业设置、课程安排、学校管理等一系列重大办学方向问题上统一思想，形成共识，对我国老年教育事业的巩固与提升，发挥了导向性的作用。特别是积极贯彻党的十八大、十九大精神，落实新时代老年教育规划目标任务，组织老年大学认真学习习近平新时代中国特色社会主义思想，探讨老年教育发展的新机制和新路径，开创老年教育发展的新格局，推动老年大学工作迈上了一个新台阶。协会自身发展也进入了一个新阶段。

建立并逐步完善科学、适用、可行的老年大学特色课程体系，设计、构建与社会发展大环境相匹配的具有老年大学特色的通识教材，是中国老年大学协会一直坚持的目标，也是众多老年大学、老年学校一致的企盼。首批五本通识教材——《树立和培育积极老龄观》《新时代老年大学校长读本》《老龄金融》《老年健康教育与管理》《老年人权益保障法律实务》——从选题立意到内容编排，都体现出创新意识和独特见解，令人耳目一新，为之一振。希望老年同志们从中汲取营养，幸福地度过晚年；希望中国老年大学协会再接再厉，为老年人做出应有的贡献！

顾秀莲

2020 年 8 月

序

近年来，随着老年人口数量的不断增大，我国陆续发布了《"健康中国 2030"规划纲要》《关于促进养老托育服务健康发展的意见》《全民健身计划（2021—2025 年）》《"十四五"国家老龄事业发展和养老服务体系规划》《"十四五"健康老龄化规划》等政策文件，以引导和促进实现积极老龄观和健康老龄化。这些政策文件中指出了可通过指导老年人科学开展各类体育健身项目，将运动干预纳入老年人慢性病防控与康复方案，提供文化体育活动场所，组织开展文化体育活动等措施支持老年人参与体育健身，丰富老年人的精神文化生活，全面提升老年人的身心健康水平与生活品质。

与此同时，作为我国老年人教育事业的重要组成部分，老年体育教育承担着满足老年人的体育学习需求，丰富老年教育的内容和形式，以及不断探索老年教育模式的责任，可长远服务于积极应对人口老龄化、实现教育现代化和建设学习型社会。

在上述背景下，人民邮电出版社有限公司作为建社 70 周年的综合性出版大社，同时作为全国优秀出版社、全国文明单位，围绕"立足信息产业，面向现代社会，传播科学知识，服务科教兴国，为走中国特色新型工业化道路服务"的出版宗旨，基于在信息技术、摄影、艺术、运动与休闲等领域的领先出版资源、经验与地位，策划出版了"老年人体育活动指导系列图书"（以下简称本系列图书）。本系列图书是以指导老年人安全、有效地开展不同形式体育活动为目标的老年体育教育用书，并且由不同体育领域的资深专家、学者和教育工作者担任作者和编委会成员，确保了内容的专业性与科学性。与此同时，本系列图书内容覆盖广泛，其中包括群众基础广泛、适合个人习练或进行团体表演的传统武术与健身气功领域，具有悠久传承历史、能够极大丰富老年生活的棋牌益智领域，包含门球、乒乓球等项目在内的运动专项领域，旨在针对性改善慢性疼痛、慢病预防与控制、意外跌倒等老年人突出健康问题的运动功能改善训练领域，以及涵盖运动安全、运动营养等方面的运动健康科普领域。

本系列图书在内容设置和呈现形式上充分考虑了老年人的阅读和学习习惯，一方面严格按照循序渐进的原则进行内容讲解，另一方面通过大图大字的方式分步展示技术动作，同时附赠了扫码即可免费观看的在线演示视频，以帮助老年人降低学习难度、提高训练效果，以及为相关课程的开展提供更丰富的教学素材。此外，为了更好地适应和满足老年人日益丰富的文化需求，本系列图书将不断进行内容和形式上的扩充、调整和修订，并努力为广大老年读者提供更丰富、更多元的学习资源和服务。

最后，希望本系列图书能够为促进老年体育教育发展及健康老龄化进程贡献微薄之力。

前言

　　门球运动是一项有益于身心健康的体育活动。它以一种平和的形式进行激烈的竞争，体智并用、动静相间。它既有增强体质、延缓衰老、启发智慧、锤炼体能、防病健身的功效，又有鲜明的趣味性和独特的技战术特征。

　　门球运动自 1983 年从日本传入我国，现已在广大老年健身爱好者心中占有举足轻重的地位。门球运动既有身体素质的锤炼，又有头脑思维的比拼，还有深厚的文化积淀，是老年人健身领域中一项涉及人员广泛、参与程度高、健身效果好的体育项目，因此深受广大健身爱好者的青睐。为了能让更多的老年朋友参与门球运动这项高品质的健身活动，系统地学习并掌握门球相关知识，了解正确的训练、比赛方法，合理开展门球健身活动，我们特编写和出版了本书。

　　本书在中国老年大学协会的指导下，由创刊于 1989 年的门球运动专业期刊《门球之苑》的编辑部集体创作而成。本书参考门球运动多年来形成的教学体系，结合当今门球运动的技术、战术发展，形成了规范、严谨、实用的当代门球运动教学方法。本书内容深入浅出，实战案例丰富，并配有各种技战术的图文详解、视频示范，健身爱好者可以通过本书走进门球运动的大门，系统了解门球运动，全面学习门球知识，迅速掌握学习要点和实用的门球常识。本书还可直接用于各级老年大学授课。

　　门球运动是一项魅力无穷的终身运动，且具有易学难精的特点。希望各位学员和门球运动爱好者在本书内容的基础上举一反三，不断钻研，创造新的打法，归纳出不同的战术套路，让门球运动始终伴随我们健康快乐地生活！

《门球之苑》编辑部
2023 年 4 月

在线视频访问说明

门球技战术教学视频访问步骤

本书共提供了 30 个门球技战术教学视频，您可以按照以下步骤，观看本书配套视频。

步骤 1　点击微信聊天界面右上角的"+"，弹出功能菜单（图 1）。点击"扫一扫"，扫描右侧二维码。

步骤 2　添加"阿育"为好友（图 2），然后进入聊天界面并回复关键词"62195"（图 3）。

图 1

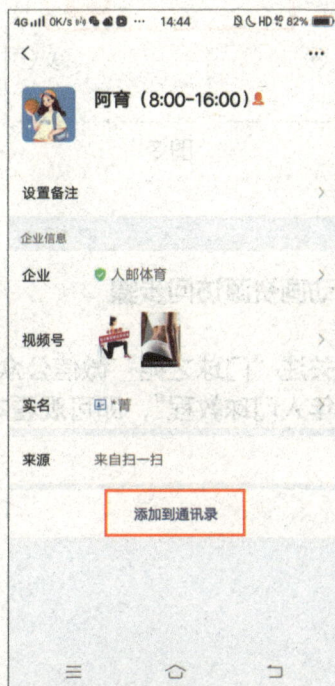

图 2

步骤 3　点击弹出的视频链接（图 3），进入视频列表（图 4），
　　　　再次点击视频名称即可直接观看视频。

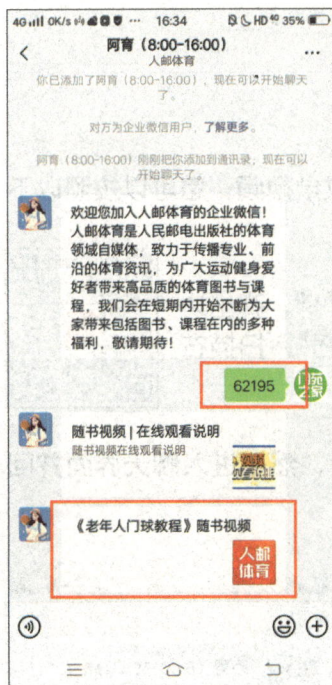

图 3

图 4

动画资源访问步骤

关注"门球之苑"微信公众号，进入聊天界面并发送关键词"老
年人门球教程"，即可观看本书配套动画。

目 录

第一章

门球基础知识

1.1 门球的起源与发展

　　门球源自古老的槌球运动，是在沙地或草坪上，用球槌击打小球使其穿过铁门的一种室外球类竞赛项目。

1.1.1 门球的起源

　　《中国大百科全书（体育）》记载，在 13 世纪法国的兰盖多等地，十分流行一种由木棍击球穿过拱门的胜负游戏。该游戏的发展历程分为两支：一支在乡村，在空间足够大的地方圈出一片草地，在草地上设些洞作为击球目标，这是高尔夫球运动的雏形；另一支在城镇，因街道场地有限，只能沿街巷设置若干小拱门和一个木桩，击球过门，以最少杆数击球过门并击中木桩者为胜，这被称为"槌球"，也就是门球的起源。17 世纪，槌球游戏传入英格兰和意大利，后来又传到美国。随着玩法成熟和受众广泛，其规则发生变化，19 世纪一度风靡英国（图 1.1）。

　　1861 年，英国人劳特利吉编写出第一本槌球竞赛规则，使比赛统一和规范化。若干年后，全英槌球俱乐部、全美槌球协会成立，在欧美大陆上刮起了一股槌球风。特别是 1900 年和 1904 年，槌球两次进入了奥运会。法国选手维德里奇，成了槌球史上第一个奥运会冠军，名垂青史。

　　槌球游戏在我国 20 世纪 30 年代也有记载。1932 年《体育季刊》第四期中，张汇兰教授撰写的《河北省立女子师范学院 21 年度体育概况》一文中写道："女生合级分组上体育课，共分甲、乙、丙三组。丙组女生为心肺衰弱、神经衰弱、心肺无病而生理有变化者，她们的体育课教材中，设有槌球项目，开辟有槌球场地。"1938 年，燕京大学的体育课开设槌球项目，由从美国回国授课的林启武执教。同一年代，我国南方部分省市学校的体育课

图 1.1 油画《槌球场景》，温斯洛·霍默于 1866 年创作

和课外活动中也都出现过槌球。

1.1.2 现代门球的兴起

1947 年，来自北海道的铃木荣治（后改名为铃木和绅）先生根据槌球游戏的特点，在比赛器材、比赛场地和游戏规则上进行了一系列的创新和变革，把依靠技巧取胜的个人游戏演变成了一项体现团队精神的集体竞赛体育项目，将其命名为"门球"（Gateball）。门球一经推出，就受到许多人的赞许和喜爱，尤其是很少有机会享受运动乐趣的老年人，在参加过之后，欲罢不能。1975 年前后，随着日本"老龄社会"的到来，门球快速风靡日本全国，并开始向世界传播。如今，这一运动已遍及世界近 50 个国家，以东南亚地区和美洲日裔移民聚居地为主（表 1.1）。

表 1.1 开展门球运动的国家

洲	国家
亚　洲	日本、中国、韩国、新加坡、菲律宾、泰国、越南、马来西亚、尼泊尔、巴基斯坦、印度尼西亚、印度、老挝、以色列
大洋洲	澳大利亚、新西兰
北美洲	美国、加拿大、古巴、墨西哥
南美洲	巴西、秘鲁、阿根廷、巴拉圭、玻利维亚、乌拉圭、哥伦比亚
欧　洲	瑞士、英国、德国、俄罗斯、土耳其、乌克兰、比利时、法国、意大利
非　洲	尼日利亚、南非、乌干达、肯尼亚、赞比亚、埃及

　　门球运动虽然起源于槌球运动，都以木槌击打球入门为基点，但槌球突出的是"槌"，门球则突出的是"门"。在实际运作中，两者的规则和运动方式存在着很大差异，不可等同视之。但由于门球运动与槌球运动的渊源，至今在一些地区还沿用"槌球"一词。

1.2 门球在中国的兴起与普及

据官方统计的数据：截至 2019 年，我国有接近 500 万名门球运动爱好者常年从事门球运动。相比其他的群众体育项目，门球运动在我国具有普及面广、参与人群稳定、组织机构完善、政府支持力度大等特点。

近 10 年来，我国涌现出越来越多的高水平、年轻化的竞技门球队伍，有的队伍平均年龄甚至不到 30 岁。这些门球队伍从国内赛场走向了国际赛场，为我国赢得了无数荣誉，如华北油田队获得 2008 年世界传统体育大会门球赛冠军，福建队于 2010 年在上海高东取得了世界门球锦标赛冠军，山西临汾队于 2014 年在日本新泻取得了世界门球锦标赛冠军，山东省队于 2016 年在韩国南原取得了亚洲门球锦标赛冠军。他们的优秀表现，全面提升了中国门球运动在世界的影响力。

1.2.1 20 世纪 80 年代初至 20 世纪 90 年代初

这段时间是门球运动在中国蓬勃兴起和快速发展的时间。1983 年前后，门球运动从日本传入中国，并迅速在全国各地的离退休老干部和军休系统中普及，各大企事业单位也争相开展，并有少量的在职人员也加入这项运动，使得门球参与人数迅速增长。1987 年中国门球协会成立，在此期间各地的门球组织也纷纷成立，门球运动在我国成为有组织、有规模的一项老年人主流健身项目。

1.2.2 20 世纪 90 年代末至 21 世纪初

随着社会文化生活的丰富，各种健身项目逐渐兴起，各地场地资源收紧，沙土场地改造，门球运动主力人群中的一些年老体弱的离退休老干部逐渐退出了门球赛场。同时，少有新加入门球活动的人，在职的年轻人和刚退休的职工因为门球是老年人的专属活动而不去主动接触门球活动，参与门球运动的人数有所减少。

1.2.3　21 世纪初至 2009 年

随着人们生活水平的提升，门球运动爱好者对装备和器材产生更高的需求。门球场地方面，具有中国特色的人工草坪门球场地开始用于全国比赛，并迅速在大江南北普及。一方面，这带动了门球产业中的一个新的领域——人工草坪门球场地的发展；另一方面，门球运动的形象大为改观，引起了社会的极大关注，吸引了更多人加入门球运动。

1.2.4　2010 年至今

随着我国体育产业的兴起，国家对老龄事业的重视，近年来，门球运动迎来了新的高速发展期。其表现在：参与门球运动的人口年龄更替，更多年轻人参与门球运动，门球运动爱好者消费意识改变，门球赛事活动组织水平提升。这些变化促进了门球技战术水平的全面提高，使得门球运动具备了更高的观赏性、更多的娱乐性和更强的竞技性。比赛中精彩的场面、胜负的悬念、扣人心弦的表演，以及社会主流媒体的新闻播报和人物采访，改变了人们对门球运动的观念，为蒸蒸日上的门球运动增添了光彩。

1.3　门球与老年人健身

1.3.1　门球的参与人群

门球运动被称为"地面上的围棋""平民的高尔夫"。它有固定场地，有完善的比赛规则，有一定的竞技性，又具有独特的魅力和全面的健身效果，使参与者可通过各式打法、击法等技术和各种战术参与比拼，并陶醉其中。门球运动爱好者优雅的动作、精湛的球技，再加上规模庞大的赛事等都已形成独特的文化现象。一些年长者通过门球活动以球会友、健康身心，极大地丰富了自己的退休生活。虽然从事门球活动的大多是老年人，但门球运动的竞技特点非常适合各年龄人群同场竞技。根据《门球之苑》杂志抽样调查，目前我国从事门球活动的人群中，男性占70%，女性占30%。从事门球活动人群的年龄结构如图1.2所示。

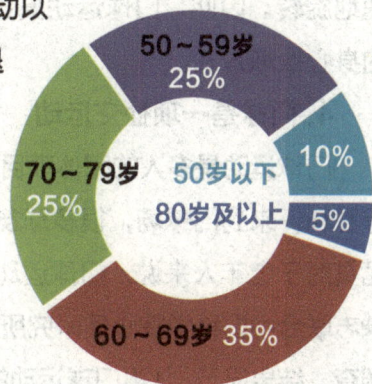

50~59岁 25%

10%

70~79岁 25%　50岁以下
80岁及以上　5%

60~69岁 35%

图1.2　从事门球活动人群的年龄结构

1.3.2　门球的特点和健身作用

门球是一项集健身性、娱乐性、趣味性、技艺性、群众性和联谊性等功能于一身的体育运动。越来越多的人积极投身这项活动，打门球已成为全民健身运动的一种时尚。

1. 门球是户外的有氧运动

门球运动可以亲近大自然。门球爱好者沐浴在阳光下，不知不觉运动了两小时，不仅锻炼了身体，还呼吸了新鲜的空气。

2. 门球是全身运动

门球运动的基本技术是撞击、闪击，要求球员在比赛和日常训练中精神高度集中。依据规则，击球员要在 10 秒内完成击球动作，这就需要击球员不停地运动，包括撞击、跑步捡拾球、闪击、闪送等一系列技术操作。这些操作使球员的身体柔韧性和耐力都得到了锻炼。

3. 门球是健脑运动

有人把门球运动比作平民的高尔夫，但是还不够贴切，因为门球运动的战术比高尔夫球运动复杂多变。虽然可以学习开场布局的套路，但场上千变万化的局势，需要球员不停地开动脑筋寻找对策。打球的同时，大脑还要飞速地旋转。因此，门球运动真正做到了体脑并用，是一种非常独特的、全面的身心锻炼方式。

4. 门球是一项社交运动

门球运动是多人的团体项目。在比赛中，大家通力配合、齐心协力才能取得胜利。来到门球场，很多球友在一起，本身就为朋友交往提供了一个平台，尤其对于老年人来说，门球运动的社交功能非常突出。2011 年，《门球之苑》杂志联合中国科学院心理研究所，对全国门球运动爱好者做了心理健康的问卷调查。结果显示，从事门球运动的老年朋友的心理健康水平明显高于全国常模。这个结果从科学的角度证明了门球运动对老年人群的健康价值。

1.4　门球场地、器材与装备

1.4.1　门球场地

自 2000 年以来，我国的门球场地逐步从沙土地改良为人工草坪场地，整体的形象有了很大的改观。根据国家场地普查和近年来各个草坪厂家的工程量计算，截至 2019 年，我国的门球场地总量已经达到了 8 万片，是全世界标准门球场地最多的国家。

1.4.1.1　门球场地设施及其位置（图 1.3）

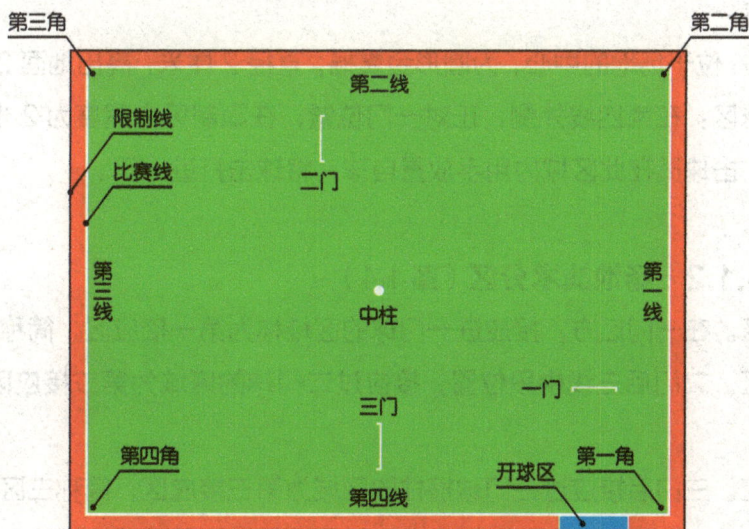

图1.3　门球场地设施及其位置

门球场地由两圈 1~5 厘米宽的线围成，内圈为比赛线（通称边线），外圈为限制线，两条线平行，垂直间距一般为 0.5~1 米。

比赛区（通称场内）为比赛线内的区域，限制区为比赛线和限制线之间的区域。

从一门右侧边线开始，四条边线按照逆时针方向分别称为第一线、第二线、第三线、第四线*。

角：由边线构成的4个角。以开球区为起点，4个角按照逆时针方向分别称为第一角、第二角、第三角、第四角*。

门球场内设三个球门，分别是一门、二门和三门。球门高度不低于19厘米，宽度为22厘米，两球门柱后沿地面之间的连线称为球门线。

一门：与第四线平行，距离第四线外沿4米，球门中心点距离第一线外沿2米。

二门：与第一线平行，距离第一线外沿12米，球门中心点距离第二线外沿2米。

三门：与第三线平行，距离第三线外沿10米，球门中心点距离第四线外沿2米。

中柱：位于场地的中心，为圆形金属棍，直径2厘米，高出地面20厘米。

开球区：在第四线外侧，正对一门位置，在限制区内宽度为2米的长方形区域。击球员在此区域内用手放置自球，将球击打进一门。

1.4.1.2 场地战术分区（图1.4）

一区。在一门后方，接应进一门球的区域称为第一接应区，简称一区。

二区。二门后三线中段位置，接应过二门球的区域为第二接应区，简称二区。

三区。三门后接应过三门球撞柱的区域为第三接应区，简称三区。

零号位。在二门或三门靠近边线一侧，没有过门角度的区域称为零号位。

一号位。在二门或三门球门前靠近边线一侧，距球门平行线50～150厘米，距边线20厘米以内，能通过球门的区域称为一号位。

---

* 在实际开展门球活动时，大家为了方便，简称一线、二线、三线、四线和一角、二角、三角、四角。

二号位。在二门或三门球门后靠近边线一侧，和一号位相对称的位置称
为二号位。

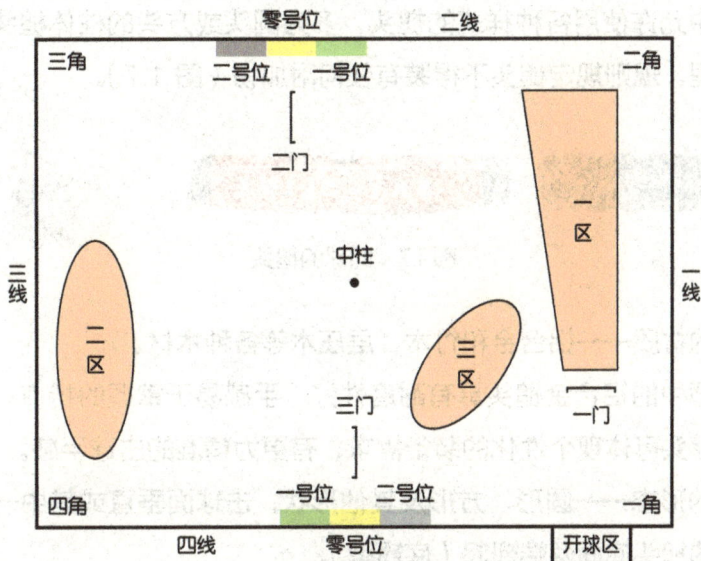

图 1.4　场地战术分区

1.4.2　门球的比赛用球（图 1.5）

材质——合成树脂材料。

尺寸——直径 7.5 厘米（±0.7 毫米）。

图 1.5　门球的比赛用球

重量——230 克（±10 克）。

颜色、数量——红白两色，各 5 球，共 10 球，各自标有号码。

1.4.3　门球的球槌（图 1.6）

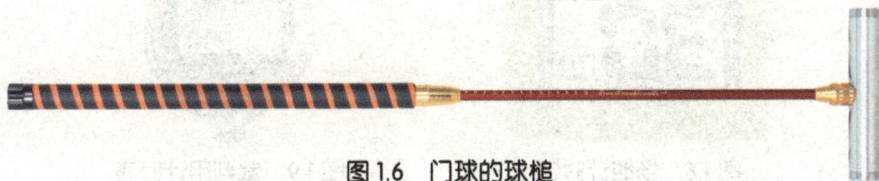

图 1.6　门球的球槌

球槌由槌头和槌柄构成。槌头长 18～24 厘米，槌头两端面为击球面。槌柄长度不得少于 50 厘米，槌柄的一端固定在槌头的中间。

比赛中允许使用各种样式的槌头，多为圆头或方头的柱体槌头，有垂直型或底翘型。规则规定槌头不得装有任何附加物（图 1.7）。

图 1.7　门球的槌头

槌头的材质——铝合金和竹木、层压木等各种木材。

重量适中的铝合金槌头具有耐磨性好、手感易于掌握的特点；竹木或定制木材的槌头可体现个性化的装备需求，有更为精准的击球手感。

槌头的形态——圆形、方形及其他形状，击球面垂直或其中一端击球面倾斜，有的槌头底面两端翘起（底翘型）。

1.4.4　计时和记分设备

1.4.4.1　计时设备

场地计时钟：用于赛场播报比赛时间（图 1.8）。

裁判用计时表：用于裁判员记录比赛时间，比赛暂停时单独计时和其他比赛中单独计时的情况（图 1.9）。

图 1.8　场地计时钟

图 1.9　裁判用计时表

教练用计时表：用于教练员掌握比赛时间，一般还有记分功能，方便随时掌握比赛进度（图1.10）。

图1.10 教练用计时表

1.4.4.2 记分设备

记分牌：设立于场地边线外固定处，形状和尺寸与普通的白板类似，用于记录、展示场上每球得分情况（图1.11）。一般由比赛双方各指定一位记分员，帮助对方翻分，以示公平，并接受全场监督。

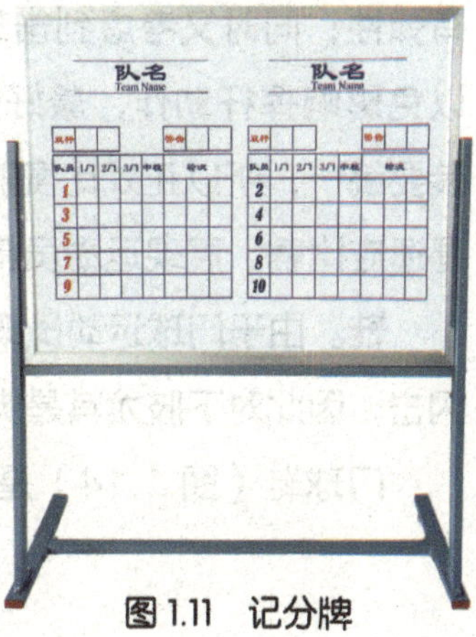

比赛记录表：用于记录比赛详细情况，由记录员填写，包括双方队员上场情况，比赛中各球得分情况，双方犯规、替换等情况，以及用于比赛后双方队长、教练员确认比赛结果等（图1.12）。

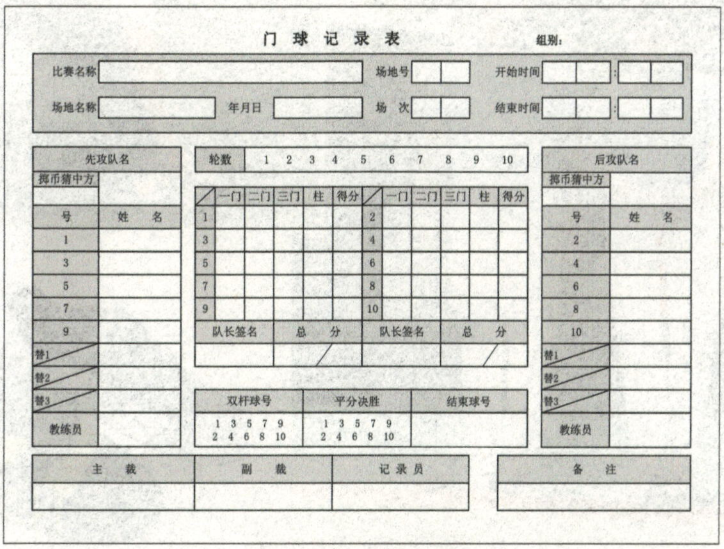

图1.11 记分牌

图1.12 比赛记录表

1.4.5　门球运动员装备

服装。门球运动员服装在功能性方面要求便于运动，宽松舒适（图1.13）。上衣要求合体、有弹性，舒适透气。裤装要求比较特殊，因为有弯腰下蹲的动作，考虑到老年人的体型特征，所以要求腰臀部舒适、宽松、有弹性；同时又考虑到击球挥杆的动作，裤装的小腿和脚踝处不可太宽松，以免影响挥杆动作，最好选用门球运动专用裤。因为规则规定上场比赛服装要统一，所以正式比赛服装在款式上基本要求色彩明快、式样统一。这也是适应比赛，展现运动员精神风貌，体现运动员文明素质的外在象征。

鞋。由于门球运动员既要在场上奔跑，又要掌握静态瞄准的重要技术——闪击，因此对下肢尤其是脚部的运动精细程度要求很高。

门球鞋（图1.14）是对门球运动员非常重要的专用装备，既适合在赛

图 1.13　门球运动员服装

图 1.14　门球鞋

场短距离奔跑移动，又便于踩球时控制自如。因此，门球鞋应具备轻便、舒适、透气性好、包裹性强等特点，鞋底要有弹性、软硬厚度适中，使踩球有控制感。

专用标志。正式上场比赛时，各队队长、教练需要佩戴"队长""教练"标志，以便裁判员辨认（图 1.15）。

图 1.15　门球比赛专用标志

背包等户外用品。

门球专用背包用于随身携带门球球槌、门球鞋等专用装备。门球专用背包里有放置球槌、门球鞋的专门位置，考虑到携带方便，一般采用双肩户外背包样式，容量适中，颜色明快（图 1.16）。

门球专用防晒遮阳帽、头巾、冰袖。门球运动较为适用的就是防护面部、手部，以及上肢的防晒用品，以避免比赛中的暴晒对皮肤产生的损伤。

图 1.16　门球专用背包

门球专用防雨装备。在正式比赛中，一般的小雨是不会导致比赛停止和延期的。为确保正常参赛，防雨设备也是必需的，建议配备专用的雨衣和雨鞋。

1.4.6　门球裁判员装备

服装。门球裁判员应按组委会要求统一着装，服装要求舒适透气，适合跑动，并且色彩明快、洁净，展现裁判员的精神风貌（图 1.17）。

鞋帽。裁判员的运动鞋一般为白色软底跑鞋，适合跑动，整洁靓丽。裁判员的帽子为组委会统一配发的运动遮阳帽。

标志。正式上场比赛时，裁判员需要佩戴"主裁判""副裁判""记录员"标志，以明确场上职责，并方便参赛队员辨认（图 1.18）。

图 1.17　门球裁判员服装

图 1.18　门球裁判专用标志

1.5 门球比赛方法和基本规则

门球的基本规则与高尔夫球、台球、棋类项目有类似之处，虽然是两方对阵，但却是"你打一杆，我再打一杆"的方式。在教练的排兵布阵之下，比拼的是个人技术。

1.5.1 队伍构成

门球比赛分红白两方，也称为红队、白队。

团体比赛中，每支球队可以设定1名领队、1名教练员和5~8名队员，也可有替补队员。领队和教练员如果上场打球，可以兼队员，其名额算在队员内。教练员为场上指挥员，可向队员发出指令。

1.5.2 比赛方法

比赛在两队之间进行，双方各派5名队员上场参赛，每人1球，球号与队员号码、击球顺序一致。

先攻方使用红球，球号为：1、3、5、7、9。

后攻方使用白球，球号为：2、4、6、8、10。

比赛时间规定为30分钟。比赛开始后，按照门球比赛的轮击及顺序，由先攻方①开始击球（图1.19），到⑩击球结束为一个轮次，周而复始。

1.5.3 击球和得分

每个队员上场有一次击球的机会，过门或撞击他球后，有一次续击的机

图 1.19　门球比赛示意图

会；通过二门、三门的同时撞击到他球，可获得两次续击权（俗称双杆球）。我国现行的门球规则中规定，每场比赛每支队伍只可使用一次双杆球的续击机会。

每个号球依次通过场上设置的三个球门（一门、二门、三门）各得 1 分，撞上中柱得 2 分。

按照我国门球规则的规定，中柱得分后可重新进一门，继续累计得分，直到比赛结束，各队每名队员即每个球所得分值相加即为该队总分，总分多者获胜。值得一提的是，国际门球规则中有每球 5 分、每队 25 分满分的规定，而国内规则没有这个限制，即得分不封顶。

1.5.4　多样性比赛方法

随着门球运动的多样性发展，比赛形式也变得多种多样，如不一定由 5 人组队上场，也有单人赛、双人赛、三人赛等灵活的组队方式；在康乐性老年赛中可以采用不限时间的"五轮制"规则等。无论比赛的方式如何，基本的技术、战术和规则要求是一致的。

第二章

门球技术

2.1　门球技术综述

门球技术动作操作简单、易于理解和上手。在门球比赛中，比拼的是用技术控势得分，巧妙取胜。

撞击和闪击是门球技术的两大门类。本节罗列出框架，便于读者理清脉络，后面将对门球技术进行详细讲解和演示。

2.1.1　撞击技术介绍

撞击是用槌头端面击打自球，使其移动，以达到送位、撞击他球、通过球门得分、撞柱得分等目的。在撞击时，选择不同的瞄准点、运用不同的击打方法以及施用大小不同的力量，就会得到不同的击球效果。

2.1.1.1　按击球姿势分

门球运动与台球、高尔夫球类似，即击打静止球，使之产生移动，达到得分和其他战术目的。击球员击打静止球时，可以选择不同的姿势和击球方式，摆好姿势、稳定数秒后才击出。

击球姿势有纵向和横向、正打和侧打的区分。击球员前后挥杆击球，称为纵向，左右挥杆击球，称为横向。被击打的自球在击球员身体的正前方，称为正打，在击球员身体的侧方，称为侧打。

纵向正打——纵向挥杆的击球方法，也就是跨打，易学易练，准确度高，力度容易控制。经过了十几年的磨炼，跨打姿势作为我国门球运动员的"专利"技术，逐步得到了世界门联的认可，被东南亚、欧洲、大洋洲的门球爱好者争相学习和使用。

横向侧打——沿用槌球的击球方式，与高尔夫球的侧打动作类似，是日本及南美洲等国家和地区普遍采用的击球姿势。

槌头贴脚打——我国门球运动员在跨打的基础上发明的击球方式，分单贴脚和双贴脚，是目前普遍采用的击球方式，也称贴脚打法。其具有击球时有依托、出杆稳、撞击准确的优点。

2.1.1.2　按击球部位分

影响击球效果的动作，除了身体的姿势，还有击球的方式（也称为杆法）。也就是槌头击打静止的门球的部位不同，能产生不同的击球效果。乒乓球运动中，击打球的上部就能打出上旋球，击打球的下部就能打出下旋球，而击打球的正中，则可打出平击球，在门球中也有类似的击球方式。比如要加大自球在运行中的旋转速度，就要采取挑打的方式击球；要击打正后方有障碍物的自球，则要采取勾打的方式击球。按击球部位的不同，击球的方式可分为**平打、挑打、擦打、压打、顿打、勾打**。

2.1.1.3　按应用方式分

门球比赛是通过得分多少来判定输赢的，得分的途径有过门得分、撞柱得分。但是，这一得分过程充满了激烈的竞争，双方都在自己争取得分的同时千方百计地阻止对手得分。而这些，都要通过击球来实施。可见，击球是门球比赛十分重要的技术，其应用方式如下。

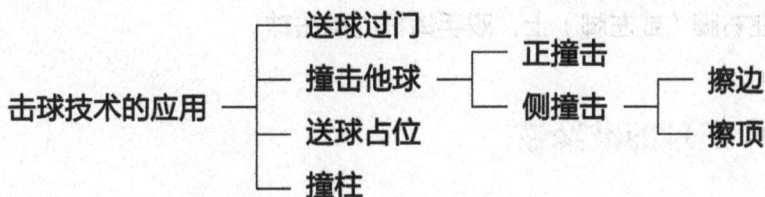

击球技术的应用
- 送球过门
- 撞击他球
  - 正撞击
  - 侧撞击
    - 擦边
    - 擦顶
- 送球占位
- 撞柱

2.1.2　闪击技术介绍

闪击是门球运动特有的一种击球方式。当击球员通过有效撞击，击打到他球后，要捡拾被撞击的他球，用脚踩住自球、将被撞击的他球贴放在自球旁，挥杆击打自球，利用击打自球时产生的冲击力使他球移动，以达到闪击送位、闪击过门、闪击撞柱、闪击带球和闪击出界等目的。

在闪击中，选择不同的瞄准点，运用不同的击打方法，就形成了不同闪击效果。如闪顶对方球出界而己方球留在界内，闪顶己方球过门得分、撞柱得分，闪挤压线球进场，闪擦对方球出界等。

2.1.2.1　高姿横向闪击

击球员以直立或半直立的体态，双手握在槌柄上端，左脚踩球，从右向左横向挥杆，实施闪击。右脚踩球时挥杆方向相反。

2.1.2.2　低姿横向闪击

在左脚（或右脚）踩球完成瞄准后，右脚（或左脚）大步后撤站位，上体降低、头部下降，球槌置于胯下，单手挥杆完成闪击。

2.1.2.3　纵向正闪（也称斜踩正打）

左脚（或右脚）前出以一定角度斜向踩球，他球在前，自球在后。身体重心落在右脚（或左脚）上，双手挥杆向前击球。

2.1.3　击球的准确性

门球比赛在 300 平方米的门球场地上开展，没有身体的对抗，只有门球运动员对球的撞击和闪击，比拼的就是击球的准确性。击球的准确性包括两个方面：方向和距离。

方向的准确性——达到击中任一目标球，或通过球门得分、撞柱得分（即打得准），或向预定方向前行的目的。

撞击他球、通过球门得分和撞柱得分取决于击球方向线，即槌头的纵向轴线与瞄准线重合的精确度。

距离的准确性——达到使自球或闪击的他球停在预定位置的目的。球的落位点是否准确取决于击球员对力度控制的精准度。

方向准确是门球技术的核心。距离准确也就是击球力度精确，是高技术水平的重要标志，也是门球战术的核心。只有落位点（如送位、接力、造打双杆球等）精准，才能发挥击球准确的威力。在比赛中，送球到位是组织各种战术的基础，也是战术运用的重要手段。

以上两个方面的准确性在比赛中是非常关键的，尤其在门球战术中，两者的结合至关重要。所以，在学习门球基本技术时，必须两者并重，将它们有机地结合在一起。

2.2 几种常用的击球姿势

门球常用的击球姿势有跨打、贴脚打和横向侧打，其中贴脚打由跨打衍生而成。贴脚有两种方式，一种为单贴脚，另一种为双贴脚。

2.2.1 跨打击球姿势

2.2.1.1 跨打击球姿势技术要领

击球员面向目标方向，两脚左右分开与肩同宽，两脚与自球的距离要相等。两脚横跨在击球方向线上，膝关节微屈。槌头置于两脚中间，距自球

3~5 厘米。身体直立并稍向前倾,沿击球方向线挥杆击球(图 2.1)。

跨打击球的流程为:看线、站位、瞄准放杆、挥杆、击球。

跨打击球的方法可总结成一句话:站位力求自然,握杆强调方便,瞄准四点成线,挥杆前后不偏,击球打准击点(图 2.2)。

图 2.1　跨打击球

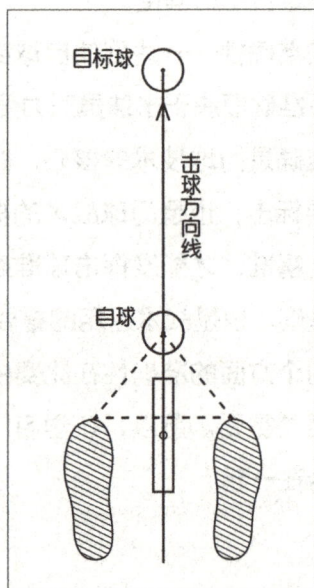

图 2.2　跨打击球示意图

【站位】

裁判员呼号后,击球员进场走向自球,在距离自球约 2 米的位置停步,先观察击球方向线(自球和目标相连的直线),然后顺线前行。两脚等距分跨击球方向线两侧,与肩同宽,脚尖与自球的距离在 30 厘米左右,脚尖连线与自球形成一个等腰三角形。

【握杆】

握杆有不同的手法,一种是同向握杆,另一种是反向握杆。这两种方式各有利弊,选择哪种方式因人而异,以方便、顺手、舒适为准。

●同向握杆(图 2.3):左手在上、右手在下(也可右手在上、左手在下),间距 5~10 厘米,两手虎口向下,掌心相对或向前握杆,击球时两手同向运动。

两手分工要明确，下手的主要功能是挥杆，上手的主要功能是稳杆定向。

●反向握杆（图2.4）：左手握球槌顶部，虎口朝上，掌心朝后，右手在下，虎口朝下，掌心朝前（也可右手在上、左手在下），两手间距10厘米左右。击球时，上手相当于一个支撑点，固定球槌，使其不能左右摆动，下手的主要功能是发力挥杆击球。

图2.3 同向握杆　图2.4 反向握杆

握杆力度也需适度，过紧易僵，过松易晃。

握杆的高度（球槌的长度）可根据个人的身高来确定。从地面算起，球槌的长度（高度）到人的肚脐比较适宜。上手通常握在球槌顶部，下手距离上手不宜过远。这个握杆高度具有视野开阔、身体重心稳固、利于操作等优点。

球槌的长度因人而异，现在的球槌多为可调节尺寸的，有些球员还定做加长杆。长（高）杆优点是：视野开阔，利于瞄准；适于手腕发力击球；身体协调稳定、姿势优美、舒适自如。其缺点是：球槌摆动幅度大，增加了控向难度；视点高，击点不易精确。使用短（低）杆的球员一般以大幅度弯腰的低姿击球。短（低）杆优点是：视点低，易于掌控槌头动向，容易看清击点，有利于击准打正；能够实施多种杆法击打出技巧球。其缺点是瞄准难度大，挥杆易变形，屈体低头幅度过大，不适用于腰部力量弱的老年人。中杆高度约在肚脐位置，兼有高杆和低杆的优点，改善了上述二者的弊端。中杆击球姿势为微微屈体低头，适合多数人的身体条件和运动习惯，为多数球员所选用。

【瞄准放杆】

瞄准是击球的关键环节，也是很难掌控的环节。

瞄准的要领是四点成一线，即目标球、自球、槌头前端面、槌头后端面的四个中心点在一条直线上。

首先看清楚自球和目标（球、球门、落位点等），目测出一条从自球到目标的直线，这条直线就是击球方向线；然后把槌头正放在这条直线的延长线上，距离自球 5 厘米左右，使槌头中心线和这条瞄准线完全重合；之后再做一次扫描校正，确保四点成一线。

【挥杆】

挥杆是击球的前奏，是检验球槌运行轨迹是否准确及积蓄能量准备击球的过程。撤杆和进杆的方向要准，不能偏离击球方向线。为此，撤杆距离要适当，一般以 10～20 厘米为宜；速度要适中，以 1 秒左右完成后撤为宜；进杆时两眼要盯住槌头，不要发猛力。

【击打】

击点在自球的后侧面中间位置，击球能否打准击点，事关击球的成败。击准中心点一要看准，二要打正。这就要求击球员低头弯腰、全神贯注地看着击点，动作协调、分毫不差地打击击点。击球后槌头顺势前行，不要偏离击球方向线，向前送杆的距离可根据目标的远近调整。

击球的基本动作既有明确的流程，又相互联系，不是独立的，而是随时可以调整的。如放杆后可以调整站位和瞄准环节，有时挥杆前，也可调整站位和瞄准环节。

2.2.1.2　跨打击球姿势的优缺点

优点：符合人体站立习惯，初学者能很快接受并掌握这种姿势；跨打站位时，自球和目标的连线正好处于击球员身体中心线的正前方，无论是瞄准还是挥杆击球动作，都易于实施。

缺点：出杆容易偏差，球槌没有依托，双手挥杆稍有不协调，就会导致动作变形，击球失误。

2.2.2　单贴脚击球姿势

单贴脚击球姿势与跨打击球姿势稍有不同：击球员两脚一前一后站立，击球时槌头贴靠前脚。单贴脚击球如图 2.5 所示。

2.2.2.1 单贴脚击球姿势技术要领

单贴脚击球的流程为：看线、站位、瞄准放杆、贴脚、挥杆、击球。

单贴脚击球的要领比跨打击球多了一步"贴脚"（图2.6）。动作要领如下。

图2.5 单贴脚击球

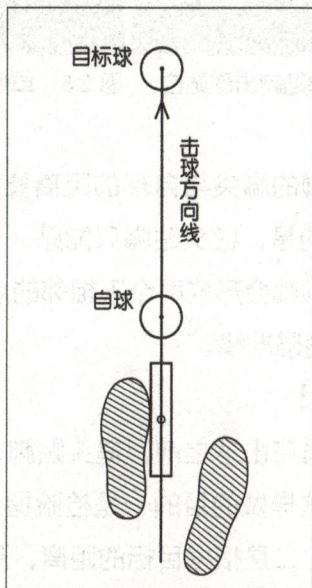

图2.6 单贴脚击球示意图

【站位】

脚尖与自球的距离在30厘米左右，两脚分跨击球方向线两侧站立（图2.7）。

【瞄准放杆】

方法同跨打，槌头距离自球5厘米左右，正放于瞄准线上（图2.8）。

【贴脚】

四点成一线已经固定了槌头的位置，所以槌头不能随意变动。前移左脚（或右脚），让其前掌内侧突出部位贴靠槌头。一定要轻靠慢贴，使槌头和脚保持似贴非贴、似靠非靠的状态（图2.9）。右脚（或左脚）在后,和左脚（或右脚）呈斜丁字步站立。

图 2.7　单贴脚击球站位　　图 2.8　单贴脚击球瞄准放杆　　图 2.9　单贴脚击球贴脚

贴靠脚的脚尖与自球的距离要随目标远近而定，一般在 10～20 厘米。需要注意的是，槌头贴脚只能贴一个点，不能全贴脚。因为脚内侧呈弓形，槌头全贴脚就会形成两个不相邻的点，后续试挥杆时，会造成槌头摆动，导致槌头偏离瞄准线。

【挥杆】

击球员在击球之前，槌头贴脚，做后拉前击的试挥杆动作 3～4 次，但不击球。这样做的目的一是检验槌头贴脚松紧是否适度，要做到槌不离脚、脚不挤槌；二是根据目标的距离，测试出挥杆的力度；三是调整槌位、校正瞄准线，确保槌头不偏离瞄准线。注意，试挥杆次数要控制在 3～4 次，不宜过多。

【击球】

当确认槌头已沿击球方向线滑动后，将自球击出。用槌头击球时，目光紧盯自球击点，使槌头端面中心击中该点。击球时要特别注意，发力不要太猛；击球瞬间，贴槌脚不能移动，槌头也不能离脚，这一点对提高击球方向的准确性十分重要。击球后槌头顺势前行，不要偏离击球方向线。

2.2.2.2　单贴脚击球姿势的优缺点

优点：相比跨打，槌头贴脚相当于给槌头安装了发射架，可以增强击球员信心，有效提高击球的命中率。

缺点：姿势不符合人体自然站立的习惯，初学者需要适应一段时间；槌头可依附的只有单脚的一个点，双手掌控稍有失误，会产生槌头偏离击球方向线的问题。

2.2.3 双贴脚击球姿势

双贴脚击球姿势是在单贴脚击球姿势的基础上衍生而成的，其目的是增强击球的稳定性。击球员的两只脚横跨击球方向线，如立正的姿势般贴靠槌头。双贴脚击球如图 2.10 所示。

2.2.3.1 双贴脚击球姿势技术要领

双贴脚击球（图 2.11）的方法和单贴脚击球的方法基本相同，其主要区别如下。

图 2.10 双贴脚击球　　图 2.11 双贴脚击球示意图

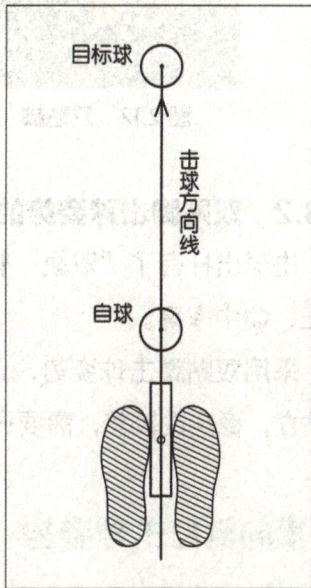

【站位】脚尖的位置距离自球 30～50 厘米，这一距离大于单脚贴。因为双脚贴的挥杆后撤空间小于单脚贴，与自球过近的站位会影响瞄准和挥杆。

【瞄准放杆】双贴脚击球瞄准方法同跨打击球法。槌头与自球的距离随目标距离而定，击近球一般为 5~8 厘米，击远球需要适当加长距离。

【贴脚】击球员稳住球槌后，将双脚先后向前贴靠在槌头边上，保持身体重心稳定（图 2.12）。双贴脚也要达到似贴非贴、似靠非靠的程度，确保槌头在后撤前挥中运行自如，不会左右摇摆。

击球员也可以使用双脚错位贴的击球姿势（图 2.13），方法是：前脚尖贴在槌头前端面与槌头中心点的 1/2 处；后脚贴在槌头中心点与槌头后端面的 1/2 处。

贴脚后再进行一次复瞄，确保槌头纵向轴线与瞄准线完全重合。

图 2.12　双贴脚　　　　图 2.13　双脚错位贴

2.2.3.2　双贴脚击球姿势的优缺点

优点：击球出杆有了"双轨"轨道，可确保槌头沿轨道向前运行，出杆正、击点正、命中率高。

缺点：采用双贴脚击球姿势，人离球较近，不好发力；另外，由于双脚几乎并拢站立，稳定性较差，需要一段较长时间的适应性练习。

2.2.4　横向侧打击球姿势

横向侧打是国际上普遍采用的击球姿势（图 2.14）。

动作要点：击球员面对自球，两脚分开与肩同宽，两脚尖连线与击球方向线平行，两膝微屈，上体稍向前倾，冠状面也要保持与击球方向线平行（近似高尔夫球击球姿势），以前臂带动球槌从右向左挥杆击球。

优点：撞击与闪击的姿势一致，都是横向瞄准和击球；闪带球的命中率较高。

缺点：横向瞄准难度较大，中远距离撞击球命中率不高。

在国际比赛中，大多使用天然草场地，相比人工草和沙地场地，球的滚动阻力较大。采用横向侧打击球姿势，击球员较易发力，球的滚动方向不易受场地影响产生偏差。因此，在不平整且阻力大的天然草场地上，采用这一击球姿势具备一定的优势。

图2.14 横向侧打击球

2.3 几种主要的击球方式

在击打自球的过程中，击点不同可产生不同的击球效果。击球方式根据槌头击球的发力方向可分为平打、挑打、压打、擦打、勾打、顿打等。

2.3.1 平打

平打也称正撞击，是国内门球赛场上普遍采用的一种击球方式。

平打的具体操作：槌头与地面平行，槌头端面击打自球后部中心点，发力方向是正前方（图2.15）。在比赛中，半数以上的击打都是

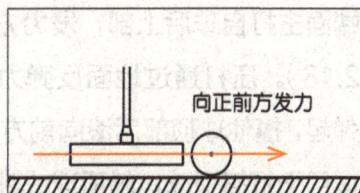

向正前方发力

图2.15 平打示意图

运用平打方式来完成的，如通过球门得分、自球落位、撞击他球等。

平打时，先撤杆，槌头端面触球后，槌头保持平稳动态顺势前行，其动向直指目标，向前收杆而不上挑（图2.16）。槌头与地面平行时，与地面间隔1~1.5厘米。

（a）撤杆　（b）击打　（c）击打后槌头顺势前行不上挑

图2.16　平打动作分解

2.3.2　挑打

挑打的具体操作：槌头前高后低，用槌头端面击打自球后上部中心点，发力方向为前上方，槌头上挑击球，并顺势朝前上方移动后收杆（图2.17）。挑打可以增大自球的旋转速度，也称提拉打。

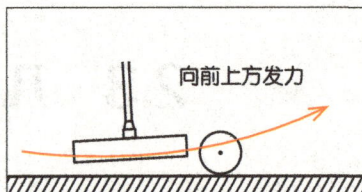

向前上方发力

图2.17　挑打示意图

2.3.3　压打

压打的具体操作：槌头前低后高，用槌头端面击打自球后上部，发力方向为前下方（图2.18）。压打通过地面反弹力的作用，使自球弹起，撞他球顶部后滚向前方，到达预定目标，适用于打擦顶球、越顶球或跳撞跟进球。

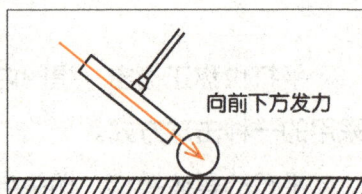

向前下方发力

图2.18　压打示意图

压打的方式多种多样，击球手法富于变化，具有一定的观赏性。

2.3.4　擦打

擦打的具体操作：槌头前端沿球面的切线方向运行，擦击自球后部或侧面，注意发力方向与自球行进方向不一致。

擦打分为上、下、侧三种。

1. 上擦打

上擦打即向球体施加上旋力，促使被击出的球加速上旋（图2.19）。其动态相对稳定，动向较准确，适用于打近距离跟进球。

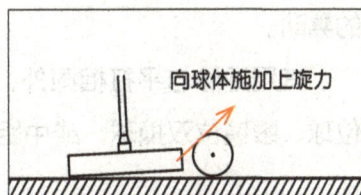

图 2.19　上擦打示意图

2. 下擦打

下擦打即以槌头端面从上斜向下"切挤"自球（亦称"扎杆"），槌头端面触球后，立即扎向地面（图2.20），强力下擦击自球，使球体减速快，停止也快。其适用于打近距离边线球、定位球、撞顶球等。

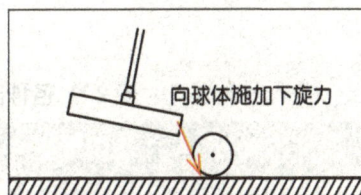

图 2.20　下擦打示意图

3. 侧擦打（左／右擦打）

侧擦打即以槌头端面从左（右）向右（左）摩擦球体，加强侧旋转力，使球体产生弧线运动（图2.21）。其适用于击打界外球进场压线。

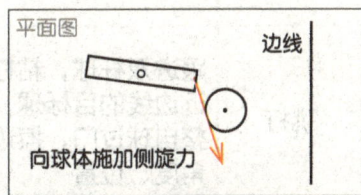

图 2.21　侧擦打示意图

2.3.5　勾打

勾打的具体操作：背向目标方向站立，槌头与地面夹角为75°～80°，以槌头端面向前下方发力，击点在自球的斜上方（图2.22）。其适用于自球、他球相近，自球距球门柱较近的情况，是正击球难以起杆时的一种特殊打法。

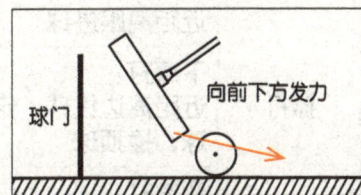

图 2.22　勾打示意图

2.3.6　顿打

顿打的打法同平打。击打时，槌头端面击自球后无向前顺势前摆动作，也不上挑，而是立即停在触球处（图2.23），这样可减少槌头的晃动。

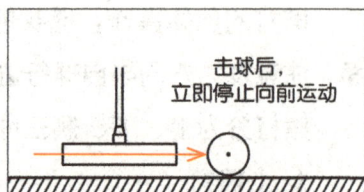

击球后，立即停止向前运动

图2.23　顿打示意图

其用途除与平打相同外，还可加力打出定位球、眼镜位双撞球，或中距离到位球。

各种击球方法的使用场景和优缺点对比见表2.1。

表2.1　各种击球方式的使用场景和优缺点对比

击球方式	使用场景	优点	缺点
平打	正撞击球	确保击准打正，槌头方向易控，适合各种场地	挥杆动作较大，增大了控杆难度
挑打	跟进双杆球，粘打靠近边线的目标球，调整自球过门、擦边的角度、位置	可舒展发力打，击打出上旋球效果，克服场地不平的干扰；控球效果好，适合击打技巧球	击点易偏高，影响击球方向的准确性
压打	擦顶球、越顶球或跳撞跟进球	利用反作用力原理为门球运行空间找到新的方向	技术要求高，需要苦练和巧练
擦打	上擦打：近距离跟进球	动态相对稳定，动向较准确	
	下擦打：近距离边线球、定位球、撞顶球	自球减速快，停止快	
	侧擦打：界外球进场压线	使球体产生弧线运动	

击球方式	使用场景	优点	缺点
勾打	自球、他球相近，自球周围有门柱等障碍物	可以克服障碍物顺利击球	击球效果一般，力度、准度都不易把握
顿打	与平打类似，加力可打出定位球、眼镜位双撞球，或中距离到位球	出杆摆幅小、速度快、槌头停顿快，槌头易保持直线运动，提高击打质量	力度控制有难度，近边线击打时，易造成他球出界

2.4　击球技术的应用——撞击球

撞击球是指用槌头端面击出的自球移动后触及他球（包括己方球和对方球）的行为。

准确撞击他球是获得续击权的前提，它是打击对方最直接、最有效的手段之一，也是夺势、控势取得胜利的主要技战术行为。

撞击球基本要领如下。

不论采取哪种击球姿势与方式，都要掌握站位、握杆、瞄准、挥杆、击球这五大要素，再把五大要素转化为七个要领：**一看、二站、三瞄、四贴、五调、六试、七击。**尤其是最后一项"击"，是撞击技术的核心。

提高命中率的关键——瞄准、击正、施力适度。

2.4.1　四点一线瞄准法

近距离撞击：先目测出一条从目标球到自球的直线，然后把槌头正放在这条直线上，使槌头中心线和这条瞄准线完全重合（图2.24）。

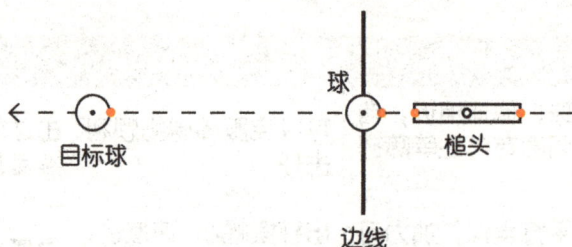

图 2.24　四点一线瞄准法示意图

瞄准时，身体前倾，槌头前端稍微翘起。前者因此降低了瞄准的"高度"，后者因此提高了瞄准的"高度"，这两个动作一降一升，降低了瞄准的难度，从而收到了比较理想的瞄准效果。

远距离撞击：瞄准从缩短距离入手，如图 2.25 所示。击球员 1 号要撞击与①相距很远的②，可先目测出瞄准线，然后再靠近①处找一个参照点 A，这样放置槌头瞄准时，A 点便可替代②。因为距离缩短，瞄准的难度会降低。

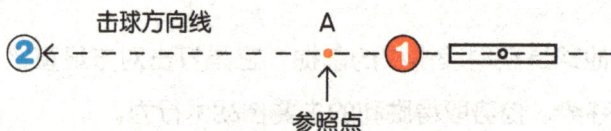

图 2.25　远距离撞击瞄准示意图

2.4.2　准确击打

击得准（正撞击平打）包括两个方面：一是要准确地打在击点（自球后侧面的中心点）上，二是要准确地用槌头端面的中心点击打自球。

要想做到击得准，还得记住以下口诀：盯住击点，挥杆不偏，摆幅要小，收杆要正。具体来说如下。

（1）盯住击点：向前进杆时，要盯住击点，切勿再看目标，避免偏离击点而造成击打失败。

（2）挥杆不偏：槌头定位在击球方向线上，向前发力击球时，槌头要顺势前摆，手腕不可扭动，上臂也不要高扬，两手和两臂必须协调配合，以平衡稳定。

（3）摆幅要小：这样有助于槌头的稳定和直线运行。

（4）收杆要正：收杆环节往往被有些球友所忽视，但它关系到能否击准。所以，应该认真做好收杆动作。收杆时，必须直朝目标方向"正收"，切勿"偏收"，更不能"甩杆"，或上扬收杆。

2.4.3　不同力度的击球方法

撞击时，施用不同的击打力度会出现多种击打效果，分别对应不同的击球方法。

（1）正打：以正向击中他球为目的。撞击后产生自球停在他球原位或附近的效果。其适用于一般撞击，准确性较高。

（2）轻溜：轻力击球，不论击中与否，自球均距他球在1米以内。其适用于撞击中距离己方球。若撞不中，自球停在己方球附近适当位置。也可用在打成双杆球后，第一杆去溜打他球。

（3）贴靠：轻力击打自球，使之最大限度接近并贴住他球，不论与他球贴靠与否，自球都需要停在距离他球10厘米以内的范围。其适用于近距离撞击他球，如贴靠边线附近的球，使两球均不出界，或贴靠他球为己方下手球调位、制角、擦边进攻。

（4）撞顶：自球与他球相撞，使自球、他球均到达预期位置，可分正撞顶、偏撞顶。其适用于正撞顶对方边线球出界，而自球留在界内，也适用于使被撞击的他球间接撞顶另一他球从而完成战术任务。如撞顶另一他球通过球门得分，撞顶另一他球到达预期位置等。

2.5 击球技术的应用——过门和撞柱

门球比赛是以得分来分出胜负的，而过门和撞柱就是得分的手段。如何在比赛中合理把握击球的力度与准度，达到得分争胜的目标，是门球爱好者的必修课。

2.5.1 进一门

参加门球比赛时，球员首先要进一门取得进场资格。一门门宽 22 厘米，距离开球区 4 米，击球进一门，技术难度不大，但心理压力大。特别是在不熟悉的场地、有比赛时间的倒计时情况下，失误率较高。如果顺利进一门，可为整场比赛打下良好的基础。

2.5.1.1 进一门的规则

1. 进一门的来历

门球规则一般表述为"顺次通过一、二、三门"，但我们具体说到一门时，必须要用"进"一门。这体现了规则中的另一个精神，那就是一门是每个球的入场券，只有顺利通过一门，才能从"场外球"升级为"场内球"，享有击球过门和击打他球的权利。如果没有通过一门，那么需要将球拿出场外，下一轮重新从开球区击球通过一门。

在我国的门球规则中，进一门的规则经历过多次的调整。为了增加比赛的观赏性，曾经出台过前三轮不进一门的球即取消本场比赛资格的规定。虽然在一定程度上提升了比赛的观赏性，但在基层比赛中造成了心理状态不佳的老年人过度紧张的情况。

在我国门球规则取消了全场比赛得分上限之后，进一门的三轮条款也随即取消。只要顺利通过一门，则停在哪里算哪里，如果出界，处理方式就与场内的出界球相同。

2. 与进一门相关的规则

一门是个容易犯规的地点，所以初学者要预防并了解相关的规则，养成好的比赛习惯。

（1）开球区的放球位置。

裁判员呼号，击球员将自球拿在手里，放在开球区内。放球位置错误属于犯规，直接失去进场权利（图2.26）。

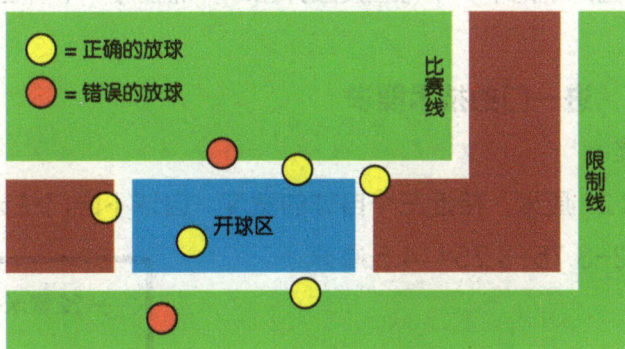

图 2.26　开球区放球示意图

（2）碰球不算撞击。

进一门的自球在一门后可能会碰上其他球，虽然这种碰撞产生的后果有效，但却不算真正的撞击，所以，击球员不能去捡拾被碰撞的球，否则就是触球犯规，会被取消续击权。对于这个被碰撞的他球，击球员可以选择是否再次撞击它，然后继续过二门或将自球送到指定的位置。

（3）合理扫清障碍。

当场内的球停在一门的前后，对进一门球造成了障碍，需要区别对待。若球在一门后未超出球门线7.5厘米或在一门前时，击球员可以向裁判员提出申请，要求临时移开该球；但球在一门后超出球门线7.5厘米时，击球员就需要自己克服了，换角度进门，或直接过了一门碰到该球也是可以的。

（4）整体越过球门线。

球从球门前方经过，并整体通过球门线移动至球门后方。如果球停在球门线上或部分压住球门线，应依据球的投影来判断。球的整体越过球门线才算进一门成功，裁判员宣判"×号一门得分"，击球员可以继续击球。如果球有一点未越过球门线，就需要将球拿出场，下轮再开球。

（5）允许放弃击球。

我国门球规则中，轮及进一门的球，可选择放弃击球。这种为了避免被对方攻击，或保存实力择机再进场的行为，在门球战术中被称为"一门留球"。特别注意，在国际规则下，不可直接放弃击球，需轻敲一下代替击球。

2.5.1.2 进一门的技术要求

1. 瞄得准

球门门宽 22 厘米，接近三个自球的宽度，自球不碰门柱穿进一门的有效宽度为：22-3.75-3.75=14.5 厘米（图 2.27）。

进一门瞄准时，只要在一门中间 14.5 厘米长的线段上任意找一个点，一般是中心点，用这个点替代目标球，然后按照"四点一线"的方式仔细瞄准后，击打自球就可顺利通过一门。

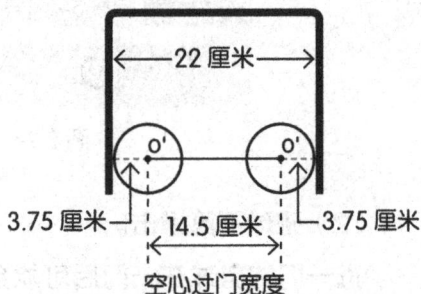

图 2.27　球门宽度示意图

2. 击得正

进一门时击球的操作程序和撞击完全一致，即"盯住击点、挥杆不偏、摆幅要小、收杆要正"。其中，"盯住击点"的操作首先要看击点，即自球后侧面的中心点，要做到"不抬头、不看杆，目不转睛地盯击点"，精准击打自球。

3. 掌控力度

门球规则规定，一旦出现进一门球出界这种情形，该球按出界球处理，下一轮将失去撞击他球与过门的权利；另外，进一门还要根据战术需要选择落位点，这些因素都和击球力度有关。所以控制力度，让球停在场内指定位置是非常重要的技术环节。

4. 熟悉场地

有些场地因为平整度的问题，会影响到球的滚动方向。所以，进一门时熟悉场地是一个不可忽视的环节，要通过小力度进门，观察球的走向，判断出偏差量，及时通过瞄准和击球调整动作，才能保证进门的效果。

5. 调整心态

大家在参加比赛时如果被想赢怕输的心态所累，就会造成动作变形、技术失常，导致击球失误。所以，在击球过门时，应放下思想包袱，以自信的状态轻松挥杆。

2.5.2　过二门、三门

二门和三门在场上为对应的位置，其过门的技术要求基本相同，分别是远距离正过门和近距离斜过门。

与过二、三门相关的规则要求如下。

（1）球从球门前方经有效移动（规则允许的击球行为）后，整体通过球门线移动至球门后方，从门后过门无效。

（2）球是否通过球门或停在球门线上，应依据球的投影来判断。已过门的球，裁判员宣判"×号×门得分"；未通过时，则不宣判，球停在哪里算哪里，下轮击打或被其他球触碰而移动到门后时，过门有效。

2.5.2.1　远距离正过门技术

"远距离"是指 8 米以上的距离，"正过门"是指自球从球门正前方通过球门。因为距离较远，所以这种过门也称作"冲二门"。

进一门的球落位场内后直接冲二门，可快速抢分，这也是在平分决胜"罚点球"时的必要技术。

除了击点和力度的准确性，冲二门还要在瞄准和适应场地上下功夫。

1. 缩距瞄准法

在二门中心位置找一个瞄准点 A，通过自球中心点和瞄准点找出瞄准线，在瞄准线上距离自球 20 厘米左右找一个辅助瞄准点 B，瞄准时用 B 点替代 A 点（图 2.28）。击球员只要看准自球和 B 点，就能解决因击球距离远而难以瞄准的问题。需要注意的是，B 点不能有一点偏差，需要仔细校正。

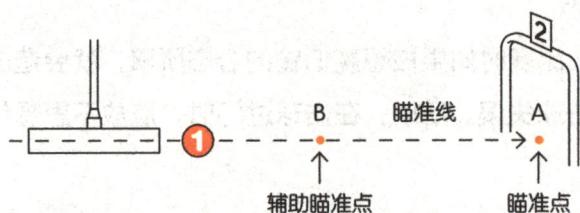

图 2.28　缩距瞄准法

2. 克服场地偏差

冲二门时，击球的距离可能超过 8 米，场地引起的击球偏差问题较为突出。击球员要在练球时首先熟悉场地，观察从不同方位击球过二门时球的走向，在击打过程中用技术调整。

2.5.2.2　近距离斜过门技术

在二门或三门旁边一号位区域（图 2.29）击球过门的技术属于近距离斜过门技术。其在比赛中非常实用，是门球爱好者必学的实用技术之一。

处在一号位区域内的球，距离球门 2 米左右，所以谓之"近距离"；因为过门的瞄准线和球门线的夹角（倾斜角）较小，所以称为"斜过"。和正过球门比较，斜过球门的难度随着倾斜角的变

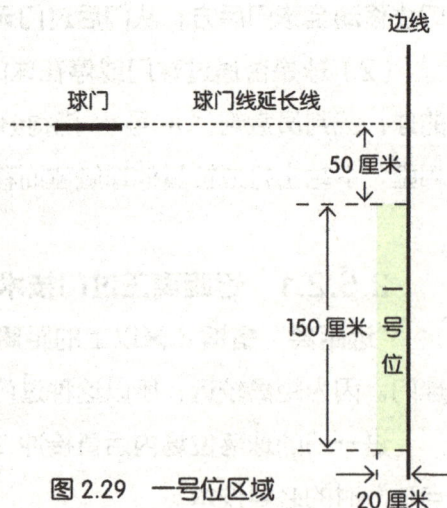

图 2.29　一号位区域

小而增大，当倾斜角小到一定数值时，则球无法通过球门。所以，近距离斜过门要解决好以下两个问题。

1. 判定能否过门

理论上，只要准确击打位于二（三）门一号位的自球（图 2.30），自球都可以通过球门。

若自球位于 A 点，A 点和球门延长线相距 50 厘米，

图 2.30 过二（三）门角度示意图

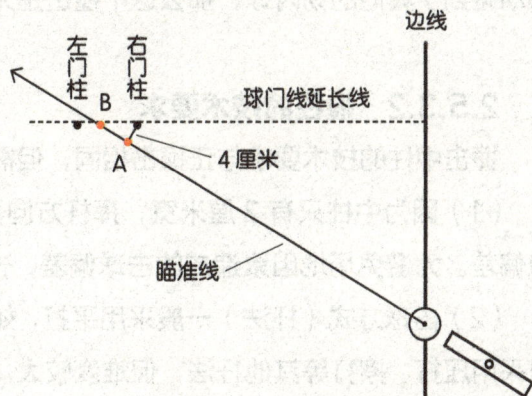

倾斜角约为 13°，这种状况下只要准确击打自球，自球将碰到左门柱内侧，理论上可折射通过球门；若自球位于 B 点，B 点和球门延长线相距 80 厘米，倾斜角约为 21.5°，这种状况下只要准确击打自球，自球通过球门时，应该不会与两门柱相撞，但其间也没有空隙。这种过门称为空心过门。

可见，根据自球所处位置，可以判定其能否过门、能以什么状态过门。

根据垂直距离判定，自球和球门延长线距离若小于 50 厘米，不能通过球门；若大于 50 厘米、小于 80 厘米，可折射通过球门；若等于、大于 80 厘米，可空心通过球门。

2. 选准瞄准点

选准瞄准点如图 2.31 所示。在过门方向线上选取 A 点，A 点和右门柱的垂直距离为 4 厘米，自球通过 A 点时，不会和右门柱相碰。然后再观察由自球和 A 点确定的瞄准线，若瞄准线从左

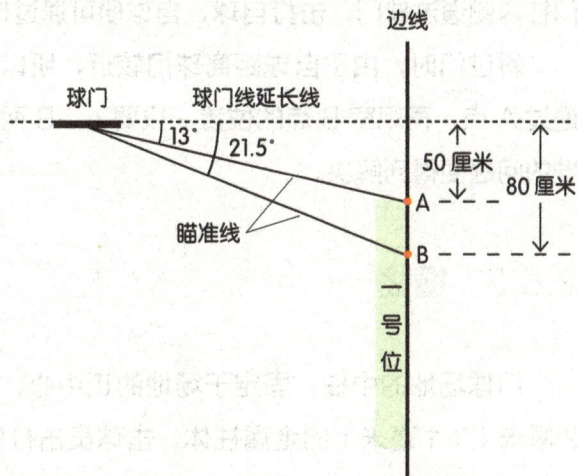

图 2.31 选准瞄准点

门柱内侧通过球门，击打自球，自球便可通过球门。

斜过门时，由于自球距离球门较近，所以很容易观察得到 A 点的位置，通过 A 点，再观察 B 点的位置。只要 A、B 两个点的位置符合上述要求，瞄准的问题便得到解决。

2.5.3 撞柱

门球场地的中柱，固定于场地的正中心，高于地面 20 厘米，是直径为 2 厘米（±1 毫米）的金属柱体。击球员击打自球撞击中柱的行为称为"撞柱得分"，是门球比赛中得分和提升士气的关键技术。

2.5.3.1 撞柱的规则

门球比赛中，球在通过三门后，经规则允许的有效移动可撞击中柱，得 2 分，是取胜的关键。根据我国门球规则的规定，还可以在下一轮从一门重新开始进门得分。

需要注意的是，撞柱得分的瞬间，是该球从场内球变为场外球的时刻。那么这个撞柱成功的球，在撞柱之后需要立即被拿出场外，等待下一轮再次进一门成为场内球。有时因为球速较快，来不及将撞柱的球拿出场外，它就滚动碰到了其他的场内球，那么这个撞击是无效的，需要把被撞击的球复位。

2.5.3.2 撞柱的技术要求

撞击中柱的技术要求与正撞击相同，但需要注意以下几点。

（1）因为中柱只有 2 厘米宽，挥杆方向需要严格遵循瞄准线，不可有一点偏差。为避免场地因素造成的击球偏差，击球力度可稍加大。

（2）击球方式（杆法）一般采用平打，如有障碍物位于中柱与自球之间，可采用压打、擦打等其他杆法，但难度较大。

2.6 击球技术的应用——送位球

送位是指击球员通过击打自球，使自球向前滚动，到达预定位置，完成己方战术任务。送球到位是一项看似简单、实则难以精确的重要技术，是日常技术训练的重要内容，也是门球技术中具有决定意义的技术实力。

送球到位是击球力度的集中体现，要求将方向准确性与距离准确性紧密结合，其标准是落位点要精，即方向准确，距离适当。

2.6.1 预设停球点

根据战术任务的要求，明确送球是为了达到占位、接力、调位、制角或造双等不同目的，使送球的落位点与预期达到的目的相适应，并把此点作为目标进行瞄准。但因用途不同，对送球到位的要求也不尽相同。下面根据战术目的对送球到位提出具体要求。

1.接力球的送位

接力球为己方待杆球或先手球所利用，因而要根据该号球的任务，预定球的落位点。

（1）为攻击对方球接力的接力球，其落位点距主攻球1米以内，且有合适的角度，以便主攻球运用擦边奔袭攻击对方球。送位时，要遵循"宁小勿大"的原则，即宁可送不到理想方位，也不能送过头。

（2）门后接力的送位：隔门接力对接力球的方向要求较高，其落位点应位于过门球的进门轨迹线上或在射线左侧，且距进门轨迹线的垂直距离不超过1米为宜，以便为过门球通过球门后续击时接力搭桥，完成战术任务。直接将接力球送到过门后的轨迹线上的效果较好，可以形成门后双杆之势，对对方的威慑极大，但操作起来难度较大。送位时，要遵循"宁左勿右"的原则，即宁可送到进门轨迹线左侧，也不要因为贪图造双杆，而将球送到进门轨迹线右侧，反而失去接力作用。

2. 占二（三）门的送位

停球点在二（三）门一号位、距离边线 20 厘米之内。

3. 寻求保护的送位

自球落位点也要满足两个条件：一是距离保护球的距离要适中，二是不能形成错位球或眼镜球。

4. 压边球的送位

（1）从场内向边线送，目的是躲避对方马上要展开的大举进攻。操作时要注意控制力度，远离对方主攻球方向。

（2）界外球进场压线，目的是保存实力，伺机进攻。宜采用擦击或提拉技巧，使进场球压在边线上，注意不要离己方场内球太近。

2.6.2 控制力度

击球力度的大小，与自球与目标的距离和场地摩擦力的大小有关，同时与击球手法有关。控制力度应从以下 3 个方面做起。

1. 目测距离

距离和力度成正比，要准确送位首先要知道目标的远近，所以，目测距离是打好送位球的前提。球场上的很多物体，比如球门、边线和中柱，它们相互间的距离都可以作为目测距离的参照物。

2. 熟悉场地

场地不同，摩擦力大小不同，击球后自球移动的距离也会不同。所以，每到一个新的环境，球员都需要一看、二试、三琢磨。

一看是看场地的软硬程度、光滑程度、平整程度，做到心中有数。二试是在看的基础上，进行送球练习，从不同方位、不同距离送球，找到感觉。三琢磨是在练的基础上，琢磨出场地送球的规律，为后续送球提供依据。

3. 通过不同方式控力

一般情况下的控力，多以估算距离后，凭多年练就的手感击球。我们还可以通过以下方式控力。

（1）以球槌运行的速度控力。

在槌头质量一定的情况下，槌头向前挥动的速度和力度成正比，即槌速快、力度大，槌速慢、力度小。如果击球员将槌速控制恰当，便可获得理想的击球力度。

（2）以球槌后撤时的摆幅控力。

当击球员用同等大小的力度击球时，球槌后撤的摆幅大，则对自球产生的作用力大，摆幅小则作用力小。因为摆幅容易控制，所以这种控力的方法很实用。

（3）控速与摆幅的综合法。

上述"控速"与"摆幅"的两种打法，是易于掌控、便于操作的有效方法，在比赛中可单独使用，也可以结合使用，具体操作有 4 种。

1）加速加幅控力。一般用于远距离送位、远撞、远过门等。

2）减速减幅控力。用于打近球、边线球、贴靠球等。

3）减幅加速控力。这是一种运用范围广、实用效果好的方法，适用于中近距离送位与撞击等。

4）减速加幅控力。槌头运行较稳，击打力较为柔和，能充分发挥惯性作用，一般用于溜靠球。

（4）以"槌法"控力。

以"槌法"控力即运用槌头击打自球的不同方式和手法，达到控力的目的。

1）以平打方式击球，由于槌头端面触球瞬间有前推动作，与球体接触时间较长，因而传递力度大，被击出的球运行距离远，方向不易偏差。

2）用挑打（提拉打）方式击球，加强球的上旋力，不仅可打出稳定性好的前冲球，利于远撞击与远送球，而且还可打出跟进球。

3）用擦打方式击球，使槌头端面沿球体呈弧线走杆，加强球的侧旋力，再借助地面的摩擦力，使自球呈弧线运动，可击打界外球进场压线或击打近距离轻粘、贴靠球。

2.7 击球技术的应用——擦边球

擦边球是一种比较特殊的撞击球，即自球从侧面撞击他球。这种侧撞引起的效果是自球和他球分别朝不同的方向运行。所以，擦边球也称侧撞分球。

2.7.1 擦边球的作用和基本原理

从力学中得知，一个运动的球与另一个质量相同的静止球发生非对心碰撞（侧撞）后，两球会向不同的方向运行，其运动方向相互垂直。理论上两球相撞后的最大分球角度为90°，但现实中，由于有场地摩擦等因素的影响，最大分球角度一般小于90°。

2.7.2 擦边球的瞄准方法

擦边球是不以他球中心点为瞄准点的撞击球。打擦边球要掌握好击球点、瞄准点和落位点三个方面。

击球点——要求击球时沿瞄准线直线发力，一般用平打或顿打方式，切忌甩杆。

瞄准点——综合考虑两球距离、预期到达的位置来确定。

落位点——依据自球与被擦他球的撞点以及施力大小来决定。

1. 垂点瞄准法（垂线选点瞄准法）

这是一种有效的擦边到位或击打侧撞过门双杆球的好方法（图2.32）。

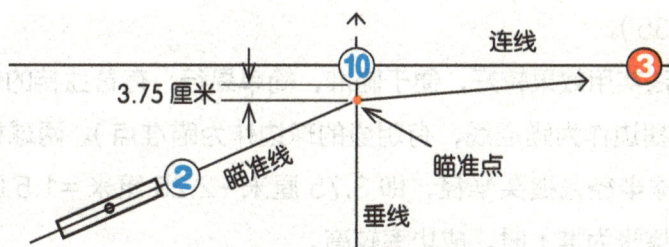

图 2.32　垂点瞄准法

第一步：击球员在②后站位，目测出⑩的球心和③的球心的连线。

第二步：通过⑩的球心，目测出上述连线的垂线。

第三步：在垂线上找一个点，该点距离⑩的球边 3.75 厘米。该点即为击球时的瞄准点。

2. 球边对球边法

球边对球边法是瞄准时用自球球边对准他球球边的方法（图 2.33）。采用这种方法，自球近似直线运行，其适用于远距离奔袭，自球、他球距离在 50 厘米之内效果为佳。

3. 中心对边法

中心对边法是瞄准时用自球中心点对准他球球边的方法（图 2.34）。这种方法主要用于击打侧撞过门双杆球、调位球，成功率高，不易擦空，还可用于 2~5 米的擦边到位球。

4. 槌边对球边法

槌边对球边法是瞄准时槌头中心点对准自球中心点，槌头边对准他球球边的

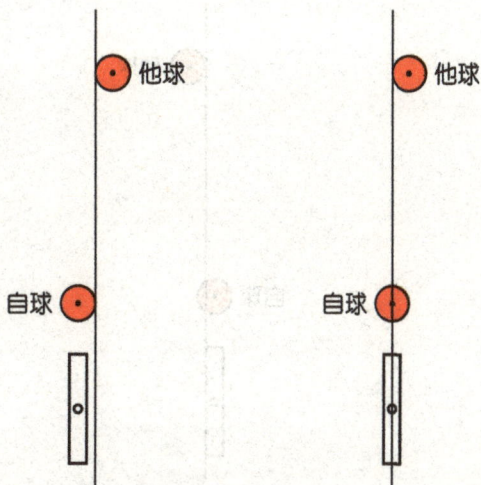

图 2.33　球边对球边法　　图 2.34　中心对边法

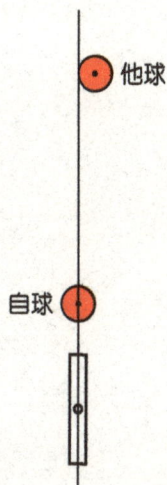

方法（图 2.35）。

这种方法实用效果较好，便于瞄准，简单易行，有着独特的优点（因为它有较长的槌边作为瞄准线，有明显的球边作为瞄准点）。两球相切厚度为1.5 厘米（球半径减槌头半径，即 3.75 厘米 −2.25 厘米 =1.5 厘米，以槌头直径 4.5 厘米为准）时，成功率较高。

5. 参考点法

在他球一侧的地面上找一个点（参照物），将槌头中心点对准自球后部中心点和地面上的点，使四点成一线（同撞击球瞄准）。地面上的点在距自球较近处也可，但需在瞄准线上（图 2.36）。

采用这种击球法瞄准容易（把瞄准球体某一部分变成瞄准门球场地上近距离的实点），技术同打正撞击球，对准他球上的选点击自球，产生的擦边球效果好。此法在自球、他球距离在两米左右时也可使用，能打出多种角度的擦边球。

瞄准点距他球球边的距离（球边距）为 3 厘米时，则两球相切的厚度为：球的半径（3.75）−3=0.75（厘米）。这是较薄的擦边球，因为两球相切的厚度越小，擦边越薄。

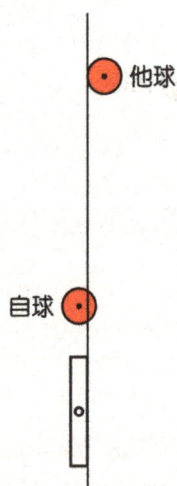

图 2.35　槌边对球边法　　图 2.36　参考点法

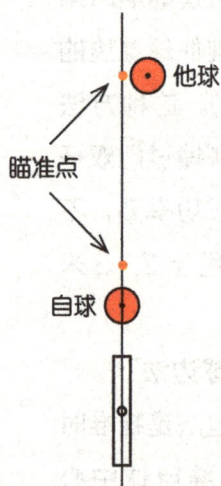

球距较远时目测球边距不可能精确，因此要留一点儿余量，防止擦空。一般选择参考点的距离要小于 3.5 厘米。

6. 瞄正摆尾法

瞄准时和击打正撞击球一样正瞄，然后将槌尾（槌头后端）向目标的反方向略微偏移一点（俗称"摆尾"）。击点仍选在自球后部中心点，根据目标位置，以适当力度击打自球，可打出较为理想的擦边球。

上述几种方法应结合实际情况选用，无论采用哪种方法，击球动作都和击打正撞击球一样，沿瞄准线向前直线击打，切勿甩杆。

2.7.3　擦边球的力度控制

门球规则规定，如果被撞击的球或者自球出界，则失去续击权。

击打擦边球时，找出瞄准点，可保证自球侧撞他球后能沿着预定方向运行；掌控击球的力度可决定自球能否准确到达目的地（目标附近），并确保两个球都停在界内。注意：在擦撞的过程中，自球会把部分能量传递给他球，因此击打自球的力度要大于击球送位的力度。

击球力度和擦球角（图 2.37）的大小有关。

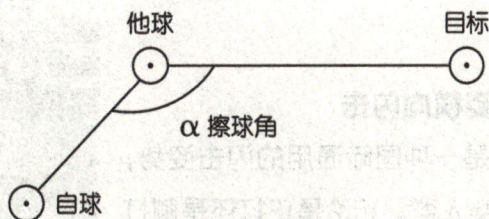

图 2.37　擦球角

擦球角大，即为薄擦球，自球运行的距离远，擦球的力度要小；擦球角小，即为厚擦球，自球运行的距离近，擦球的力度要大。

擦边球是门球项目中比较难掌握的技术，也是很有实用价值的一项技术。击球员要想在比赛中 10 秒内的瞄准击球过程中准确击打出到位的擦边球，需十分重视日常训练，从而找到擦边的手感，自如地控制自球走位线路和落位点。

2.8　闪击的姿势及击球方式

闪击是对被撞击的他球的一种后续处理方式，也是处置他球的唯一而且必要的方式。击球员只有成功闪击被撞击的他球后，方可获得续击权。闪击是一项既要考虑击球的特殊施力方法，又考验准确性和力度的综合技术，其瞄准和力度的准确性比直接击打的撞击球要更难把控，充分体现了门球技术的精巧多变，充满了趣味和挑战。

2.8.1　几种常用的闪击姿势

闪击姿势多种多样，从总体形态、闪击方向、挥杆方式等方面加以概括，运用较多的闪击姿势有以下 3 种。

2.8.1.1　高姿横向闪击

高姿横向闪击是一种国际通用的闪击姿势，易学易练，适合各类人群。无论是正打还是侧打撞击，大多采用这个动作进行闪击（图 2.38）。

高姿横向闪击流程如图 2.39 所示，其具体操作如下。

站位并踩球：以左脚踩球为例。左脚在前踩球，与击球方向线垂直，右脚在右后方站立以保

图 2.38　高姿横向闪击

（a）踩球　　　　（b）放球　　　　（c）挥杆　　　　（d）击打

图 2.39　高姿横向闪击流程

持身体平衡稳定，身体正面与击球方向线平行，踩球时脚跟着地，脚尖上翘，用前脚掌内侧（脚趾与脚弓之间部位）踩自球上部（1/2 或 2/3）处，留出槌头击打部位。开始踩球时，应用脚掌轻轻踩压自球，不可踩得太重，因为球又滑又硬，踩得越重，球越容易滚动而造成犯规（在人造草坪的门球场地尤其要注意）。

放球：在检验和校正脚的中心线与击球方向线垂直、脚踩自球定位后，再把他球放在脚下贴靠在自球旁，并把他球的横轴线（中心点）准确调整到击球方向线上。

瞄准：闪击瞄准的基已方法是"三点成一线"。

视线从自球后侧上方开始扫过脚下的他球，再到达目标位置（或目标球），先使这三点成一线，然后将槌头放在瞄准线的延长线上，使槌头、槌尾、自球、他球以及目标五点成一线。

由于踩球的脚遮盖了自球、他球的中心点，故可用球边瞄准，即使自球、他球和目标球的球边构成一条直线，也就是"三边成一线"。因此，在踩球时，脚尖与自球、他球前边横向切线大致持平即可。

挥杆击球：双手握槌柄上部，从右向左横向挥杆，使槌头中心线与击球方向线重合，槌头要沿击球方向线直线拉摆，击打在自球后部中心点上。

2.8.1.2 低姿单臂横向闪击

为了准确地闪击，我国门球运动爱好者在高姿横向闪击的基础上发明了低姿横向闪击的动作，其准确性更高、力度控制更为精准。采用这一闪击姿势时，由于身体姿态，击球员只能用单手完成击打动作，因此能更精准地控制球槌的方向和击打的角度，对上肢的力量有一定的要求。

图 2.40　低姿单臂横向闪击

在左脚踩球（踩球方式同高姿横向闪击）完成后，右脚大步后撤站位、上体下俯、头部降低，球槌置于胯下，槌柄后伸，用左手食指微调瞄准线，最后单手挥杆完成闪击。为稳定身体，左手可贴扶在踩球脚的脚面上或靠在左膝上（图2.40）。

2.8.1.3 纵向闪击

纵向闪击是一种面对击球方向线，左脚（右脚）踩球与击球方向线成斜角，右脚（左脚）向后跨出，挥杆向前直打的闪击方法（图2.41），也称为"直闪"或"正闪"。

纵向闪击流程如图2.42所示，其具体操作如下。

踩球：身体平面正对自球、他球中心点连线，两脚分开站在自球后10～20厘米处，定位后用左脚（右脚）脚弓斜踩自球三分之一处，脚掌中心线与两球心边线成40°～45°角，身体保持平衡、稳定重心。

图 2.41　纵向闪击

放球：依据个人习惯，右脚（左脚）后撤一大步，找出自球与目标球连线，然后身体弯曲把他球放在脚下与自球贴靠。

（a）看线　　（b）踩球　　（c）放球　　（d）挥杆

图 2.42　纵向闪击流程

　　瞄准：身体下蹲或右腿跪地，调整他球，使自球、他球与目标三点成一线。

　　挥杆击球：在确认瞄准无误后，缓慢起身站立，保持踩球脚与球稳定，然后将槌头放在瞄准线的延长线上，进行复瞄，使自球、他球、目标中心线与槌头、槌尾中心线吻合，确保五点成一线，随后即可挥杆进行闪击。挥杆时保持撤（退）杆与进杆都沿瞄准线运行，槌头要击在自球后部中心点上，切忌用猛力击球。

　　各种闪击姿势优缺点见表 2.2。

表 2.2　各种闪击姿势优缺点对照表

闪击姿势	优点	缺点
高姿横向闪击	站姿高、看得远、视野广，利于在击球方向线上视线控制槌头；挥杆动作自然流畅、洒脱优美、舒适自如，闪击力度大，适于重闪	击球员头部远离地面，视距加大，不易看准击点；挥杆摆幅较大，较易击偏
低姿单臂横向闪击	击球员头部降低，距自球的视距近、视线低，有利于瞄准和看清击点，闪击动作连贯快捷，是既准又快的闪击方式	槌头挥动过程易形成弧线，击点易偏，会导致槌头偏离瞄准线，影响中远距离闪击的准确度
纵向闪击	瞄得准、打得正、命中率高	脚斜踩球难度大，身体稳定性弱，不适合老年人用

2.8.2　闪击的各种击球方式

在不同的闪击姿势下，击球员可以通过变换击点，达到不同的闪击效果，这也是比赛中遇到近距离有球门、他球等障碍物时的处理手段。

2.8.2.1　正放正打

正放正打是自球、他球球心连线与踩球脚垂直，槌头中心线与瞄准线重合的闪击打法。闪球过门、闪带球、闪撞柱、闪送位等多用正放正打法。

2.8.2.2　正放斜打

正放斜打是自球与他球球心连线与踩球脚垂直，击打时槌头中心线不在瞄准线上的击球方法。这种方法多用于躲开障碍物（门柱、中柱、他球），闪送己方球过门，撞柱或闪带对方边线球等。如在自球近处瞄准线上有另一他球，用正打方法容易使槌头触及该球造成触球犯规，采用斜打能避免触球犯规。将击球方向偏离瞄准线一点儿进行击打，近距离（3米内）不会影响闪击的准确性（图2.43）。

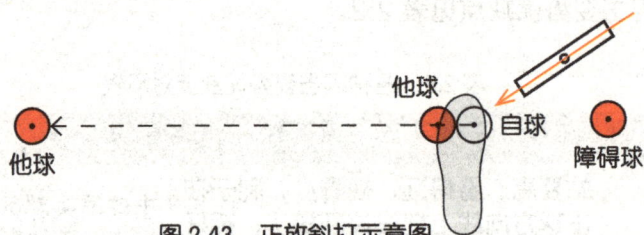

他球　　　　　　　　　　　　　　　他球　自球　障碍球

图2.43　正放斜打示意图

采用斜打时，用同样的力击球，他球被闪击出的距离比正打短。因此闪送近距离球时，如闪送己方球靠边、闪造双杆球等时，采用此法较好。

2.8.2.3　斜踩正打

此法是纵向正打的闪球姿势（图2.44）。这种姿势踩球较难（脚与自球、他球中心连线成 45° 角)，但瞄准准确性高，闪带球的命中率较高。

图 2.44 斜踩正打示意图

2.8.2.4 斜（偏）放正打

斜放正打是放置他球时稍偏离瞄准线，击球时仍沿瞄准线击打的方法（图 2.45）。其用于闪带近距离他球，则可避免由于闪撞过正而使被闪的他球留在场内。

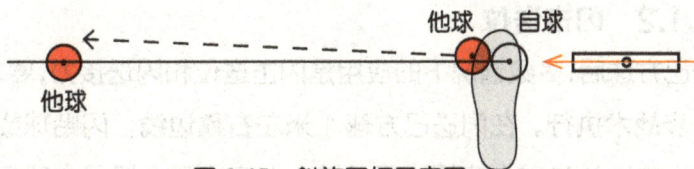

图 2.45 斜放正打示意图

2.9 闪击技术的应用

击球员通过闪击既可将对方球闪击出界，也可运用闪带方式，闪带另一对方球出界，取得一箭双雕的效果，还可闪送己方球过门、撞柱得分或将球闪送到有利位置以完成己方的战术任务。

2.9.1 闪送球

击球员在比赛中撞击到己方的球时，需要对该球实施闪击，其应用主要有闪送得分，闪送占位，闪送接力，闪送派遣。这些应用名称中都有一个"送"字，所以，闪击己方球的目的都是为己方得分、夺势助力，把己方球送到更好的位置。当撞击到对方球后，一般是闪出界或闪带球，只有在借其为己方所用时，才将其闪送到预定位置。

2.9.1.1　闪送得分

闪送得分包括过门得分和撞柱得分。当先手球撞击己方他球后，根据战术的需要，可以用闪送的方式让其通过球门，或者让其碰撞中柱得分。如，③在三门附近撞击⑨后，如果⑨属于已过二门未过三门球，可闪送三门得分；如果⑨属于已过三门球，可闪撞中柱得分。

2.9.1.2　闪击送位

撞击己方球后，多数情况下的应用是闪击送位和闪送接力，要求到位准确，以便下一步战术执行。在闪送己方球1米左右靠边线，闪贴球或近距离制角球时，施力方法恰当和力度适中是关键，力度大了会把己方球闪出界，或贴不上球，或制角不成功，这时可用正放斜打方法，用分力送球，效果较好。

2.9.1.3　闪送派遣

闪送派遣是实施进攻的主要手段。比如，白方②是界外球，①撞击③后，便可以通过闪送派遣，让③进攻场地内的白球。这个操作相当于把马上要起杆、又不会被攻击的一个己方球送到对方球的面前，这时候的③威力很大，所以被称为"王牌球"（参考第三章中战术球部分）。

除尽量靠近对方后手球外，还要考虑落位点。如果对方在远处有先手球，则要使派遣的己方球与对方球相隔一定的距离（以能打到该球即可），并要注意方位，切勿形成错位球。

2.9.2　闪带他球

闪带他球的目的是通过闪击他球带出另一他球，实现一石二鸟的战术效果。

2.9.2.1　用对方球闪带

撞击到对方球，并用对方球闪带他球时，力度要大于闪送球，按照"三点一线"瞄准后，可做适当微调，避免被闪击的他球和要闪带的另一他球正面相撞，否则，被闪击的他球会留在界内成为隐患。

2.9.2.2　用己方球闪带

在赛场上，如果对方没有能够被撞击到的球，击球员还可以撞击己方球，然后用己方球闪带对方的关键球出界。但这种打法风险较大，若要在实战中应用，首先得练就百发百中的闪带能力。

2.9.3　其他特殊应用

2.9.3.1　闪顶球

闪顶球可分为正闪顶、侧闪顶，其目的和效果类似撞顶球。闪顶球战术性强，技术要求高。在比赛中，闪顶球是技术与战术有机结合的统一体。如用己方球闪顶对方边线球，只要距离近（2米左右）、瞄得准、用力适当，则能闪顶对方球出界，而使己方球留在界内。此技术手法也可用于闪顶己方球过门、撞柱得分以及闪顶己方球到达进攻位置，完成预定的战术任务。

图2.46中，⑨撞击①，用①正闪顶在二门一号位压边的②，结果②出界、①压线。⑨过二门得分后，给①摆成双杆球。此后，①过二门得分后又撞击了⑨，打成双杆球。红方既得分，又得势。

正闪顶的瞄准方法是五点成一线（自球、他球、目标球、槌头和槌尾的

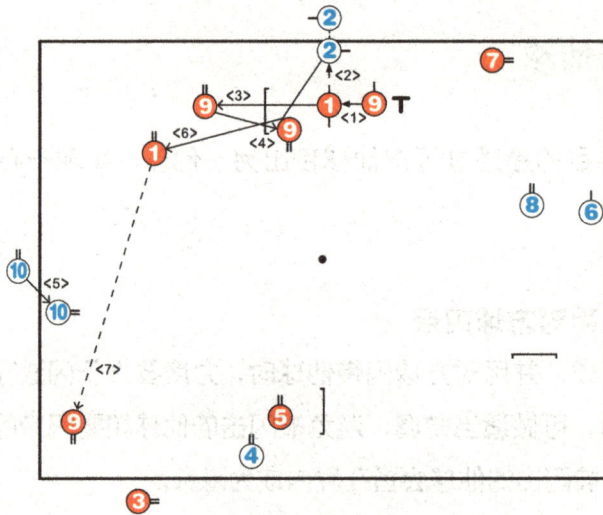

图 2.46　闪顶球战术图

中心成一线）。侧闪顶的瞄准点则是目标球与目标球预定落位点的连线上，在目标球外 3.75 厘米处的位置；他球撞击后（理论上）会沿垂直于该连线的方向运行（图 2.47）。

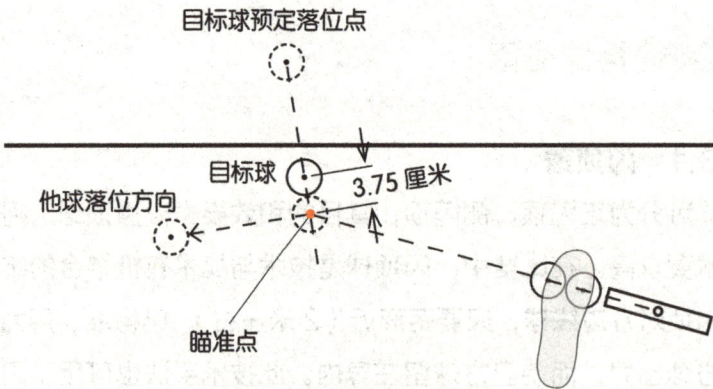

图 2.47　侧闪顶的瞄准法

2.9.3.2　闪擦球（侧闪顶）

当需要被闪带的球距自球较近且压线并与自球构成一定角度时，用正闪顶难以使己方球留在界内，这时用己方球闪擦对方球（瞄准其场内一侧），即可擦出对方球，使己方球留在界内。运用此打法，可根据战术要求，借助被撞球闪擦压线球的外侧，使被闪球出界、被闪带的球进入场内，为己方所用。自球续击时可撞击该球完成战术任务。

图2.48中，⑩起杆撞击③，用③闪擦①外侧，使③出界，①远离边线移动到场内，⑩撞击①，用①闪带⑨双出界，⑩过三门得分后，续击撞柱得分。白方这样的技术操作既打出红方3个球，⑩又能过三门得分、撞柱得分，取得战果显著。

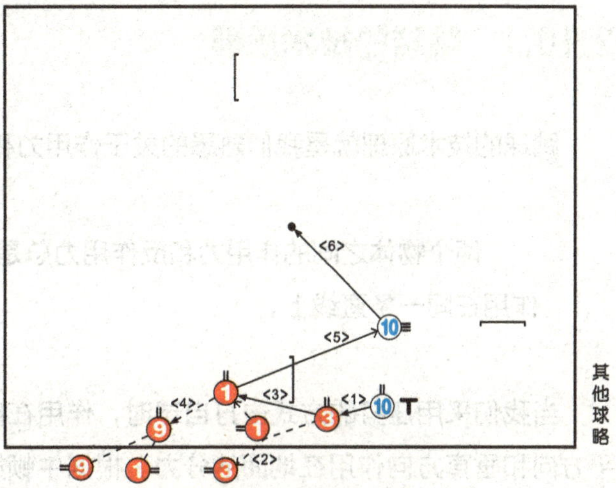

图 2.48 闪擦球战术图

2.9.3.3 闪擦（撞）换位与调位技术

这项实用技术是以被闪球去擦（顶）撞另一他球，使其到达理想位置，完成战术任务。这项技术使用范围广，技术威力大，实施不难，能为自球造角、接应、打双杆球，创造有利进攻与得分条件，起到多效的攻防作用。

2.10 跳球技术及应用

跳球是门球技术中的特殊击球方式。运用该技术，让门球离开地面产生腾空的效果，击球员通过槌头压打自球，利用地面的反弹力，使自球跳起来撞击或越过他球顶部，落地之后继续直线前进，从而使自球到达预定的目标处。这种技术改变了球的运动轨迹和节奏，把门球技术推向了一个新的高度，有实用性，更有趣味性。

2.10.1 跳球的技术原理

跳球的技术原理就是我们熟悉的关于作用力和反作用力的牛顿第三定律。

> 两个物体之间的作用力和反作用力总是大小相等，方向相反，作用在同一条直线上。

当我们采用压打的方式击打自球时，作用在自球后上部的力，分解为水平方向和垂直方向作用在地面的分力。根据牛顿第三定律可知，地面会给自球一个大小相等、方向相反的反作用力。于是，水平方向的击球分力和地面的反作用力合成了一个向前上方的力，让自球沿受力方向跳离地面。

2.10.2 跳球的姿势

（1）正向双跨压打。

脸部对准目标球，自球停留在左右分开的双脚脚跟中间，球槌自髋关节下后伸落位于自球后，同时槌头悬空停留在自球上方偏后位置，髋关节以上部位尽力下弯，头部亦下压，要保证看到槌头与自球，并做出下压击打动作（图2.49）。此姿势利于瞄准击正。

（2）正向单跨压打。

面朝目标，双脚骑跨在自球、他球连线上，

图 2.49 正向双跨压打

迈左脚向前，脚尖在自球、他球中间，球槌自髋关节下后伸落位于自球后，同时槌头悬空停留在自球上方偏后位置，髋关节以上部位尽力下弯，头部亦下压，要保证看到槌头与自球，并做出下压击打动作（图2.50）。

（3）正向侧压打。

球槌与自球位于身体右侧，自球位于右脚跟外10厘米处，且槌头悬空停留在自球上方偏后位置，髋关节以上微偏右倾，右脚为支撑点。为方便瞄准，头部与自球及目标球成一条直线，左脚后移，辅助右脚支撑上体（图2.51）。此姿势挥杆灵活，手法多变，易于瞄准，击打准确。

（4）横向压打。

横向压打动作与横向击球相似，其攻击目标位于身体左侧。击球员面对自球，双脚分开，脚尖与自球、目标球的连线平行，自右至左仰槌击出（图2.52）。该动作有两种，分别是双手挥杆高势压击和单手握杆低势压击。

（5）左后向刨打。

自球与球槌均处在身体右侧，自球处于右前方，双脚定位时右脚尖指向自球，背朝目标方向站位，右手单手握杆向后刨击（图2.53）。此姿势简便易行，发力顺畅。

图2.50　　　　　图2.51　　　　　图2.52　　　　　图2.53
正向单跨压打　　正向侧压打　　　横向压打　　　左后向刨打

2.10.3　跳球的技术要点

跳球的技术关键在于选点、控力，要求自球能顺利擦击他球顶部而过，并准确落到预定位置。这里请记住口诀：四点成"垂面"，选准"压击点"，控力用手腕。

2.10.3.1　瞄准四点成"垂面"

这里所说的"四点成'垂面'"是擦顶球的瞄准方法，其中的"四点"同样是指目标球、自球、槌头端面、槌尾端面的四个中心点。击打擦顶球时，因为槌头悬在空中，和自球、他球不在同一平面，所以四点无法排成一条直线。但是，我们可以让四点处在同一垂直面之中。槌头前、后端面中心点和自球、他球中心点同处在垂直于水平面的垂直面上，槌头始终沿着这一垂面运行击打自球，便可解决"自球跳偏、从他球侧面穿过"的问题（图2.54）。

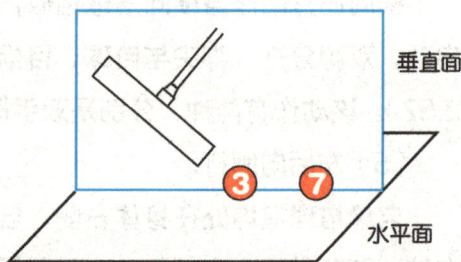

图 2.54　瞄准四点成"垂面"示意图

2.10.3.2　选准"压击点"和"入射角"

跳球的压击点多分布在自球后上部的纵向圆弧上。其中比较适宜的点在30°～65°角（图2.55）。只要槌头以相应入射角（30°～65°）压击这些点，就可打出跳球。一般来说，压击点越高，自球跳离地面的高度也越高，反之就越低。

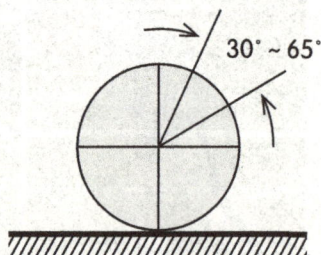

图 2.55　入射角示意图

自球、他球间距10～100厘米，只要入射角适当，就可以打出跳球。其中，间距10～30厘米，适合打跳撞跟进球；间距30～50厘米，适合打擦顶球。随着自球、他球的距离加大，击打跳球的成功率会越来越低。

要注意的是，入射角大小和压击点高低，应根据自球实际飞行高度做对应调整。

2.10.3.3　用手腕控制力度

无论是槌头上举还是槌头下落，都用手腕发力，上臂基本不动，以此来控制槌头的运行。

在这个过程中，槌头一举一落只要沿入射角运行，击打自球后，自球跳起，槌头立即触地，不用加向前方勾打的动作，便可打出效果。

鉴于场地弹性的差异，击打时跳球的高度同样有所区别。所以要根据场地条件变化而击打跳球，特别是要对槌头入射角、压击点和压击力度做出对应调整。如果场地弹性小，自球弹起的高度就低，需要增大槌头入射角，拉高压击点，加大压击力度，以提高自球飞行高度；如果场地弹性大，则需要减小槌头入射角，压低压击点，减少压击力度。

2.10.4　跳球的应用

跳球技术可用于打擦顶球和越顶球。

2.10.4.1　擦顶球

打跳球时，自球在飞跃中擦撞他球顶部而过后，继续向前运动，这种类型的球就叫擦顶球（图 2.56）。在自球和他球相距不远且擦边球难以奏效的情况下，擦顶球是非常实用的技术。

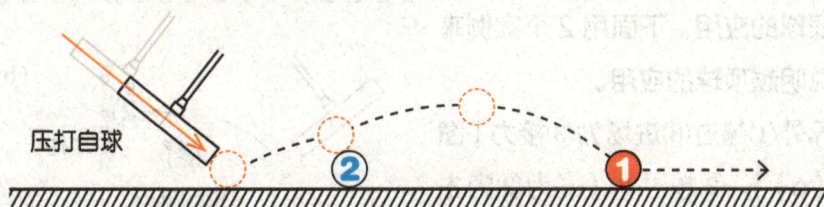

图 2.56　擦顶球示意图

例如，图 2.57 中，②位于四角靠近边线位置，⑩位于②正前方 30 厘米处，②撞击⑩后，准备进攻扼守三门的⑤。这种情形下，如果采用擦边球的打法，向左前方擦球，②到不了⑤附近；向右前方擦球，自球很容易出界。但是如果采用打擦顶球的方式，②便可沿直线方向运行到⑤附近。

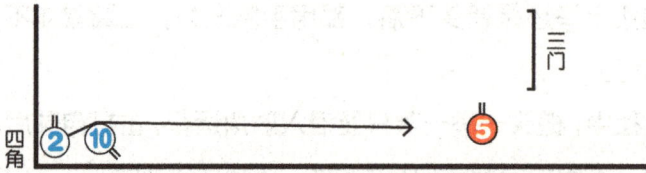

图 2.57　前方近距离他球挡住进攻路线可使用擦顶球

2.10.4.2　越顶球

打跳球时，自球从他球顶部越过，落地后继续向前运动，这种类型的球就叫越顶球（图 2.58）。

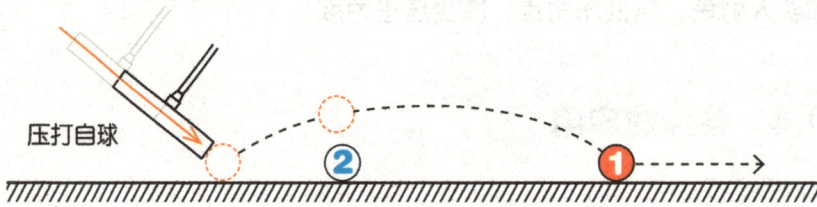

图 2.58　越顶球示意图

打擦顶球时如果用力不当或者没有控制好击球的角度，会出现自球越顶而过的现象。赛场上，遇到一些特殊情形，可通过越顶球来处理，这就是越顶球的应用。下面用 2 个实例来具体说明越顶球的应用。

界外①越过⑧进场为③接力［图 2.59（a）］，②越过⑥（⑥为②闪击过的球）顶部撞柱［图 2.59（b）］。

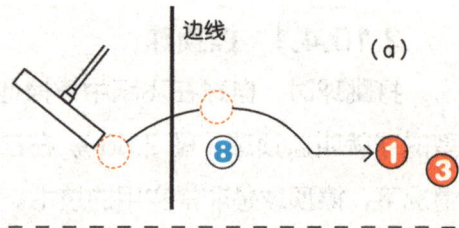

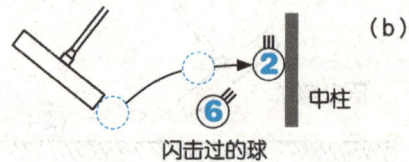

图 2.59　越顶球应用示意图

2.11 斜面槌头的应用技术

在世界门球运动的发展历程中，中国门球运动爱好者扮演了充满创造力的角色。从现代门球运动被引进中国开始，中国门球运动爱好者就从未停止在打法（跨打、贴脚打）、器材（各种材质的槌头）、场地（人工草坪）、规则（得分不封顶等）等方面的创新。为了让门球的撞击球更富有变化，中国门球运动爱好者在球槌的击球面上进行了创新，发明了非垂直面的槌头，也称斜面槌头。

2.11.1 斜面槌头的原理及特殊功能

常见的槌头斜面角度有 68°、72° 和 73°。

槌头式样：方形击球面，底面有平底式和底翘式。

槌头长度：22 厘米、23 厘米、24 厘米。

槌头材质：铝合金、合成树脂、竹木以及檀木、层压木等材质。

当击球员用槌头的直角面击打自球时（图 2.60 右），击球点在自球后侧面的中心点位置（离地面 3.75 厘米处）；当击球员用槌头斜面击打自球时（图 2.60 左），击球点在自球后侧面的中心点位置以下（离地面 2 厘米）。用槌头斜面能击打到自球中下位置，从而使自球在向前滚动的过程中产生向后的旋转，也就是大家常说的"下旋球"。所以，用斜面槌头可以打出许多技巧球和特殊的角度球。

图 2.60 斜面槌头击球示意图

2.11.2　斜面槌头的应用

击球员通过斜面槌头的特殊击球方法，让自球产生了非常规的移动效果，从而达到赛场上的战术目的。

2.11.2.1　用斜面槌头击打擦顶球

用斜面槌头采用顿打的击打方法或向斜上方（挑打）的击打方法即可打出擦顶球。

（1）自球、他球与目标球形成一条直线，没有形成擦边角度，且自球远离目标球，要想直接击打到目标球，用击打擦边球的方法难以实现，此时可使用斜面槌头。

（2）如自球、他球与边线平行，相距 40～60 厘米，自球距离边线 20 厘米或自球压在边线上，他球距边线 25 厘米左右，可以使用斜面槌头，击打出"顺线走"的效果。

2.11.2.2　用斜面槌头击打横拉球

使用斜面槌头以及运用特殊的击球手法，能够打出带下旋力的自球。在与他球侧撞后，受侧向旋转力的影响，自球、他球分球角度大于 90°。

①瞄准⑤的球心外侧 1 厘米位置打侧撞球，两球相撞后，①会以 90°折射角运行，产生横向运行效果停在二门正前方，后续撞击门后⑨，可打出双杆球（图 2.61）。

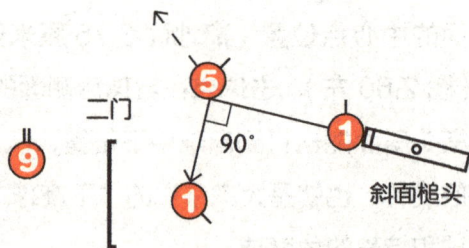

图 2.61　用斜面槌头击打横拉球

2.11.2.3　运用斜面槌头打缩杆技巧球

缩杆球是台球术语，是指母球碰撞他球后产生回缩移动，运用斜面槌头采用顿打的击球方式也可以打出缩杆球。具体方法是槌头击打自球后没有顺势前摆动作，也不上挑，而是立即停在触球后的地面位置，俗称"定位球"；如果用更大的力击打，自球以更快的旋转和速度碰撞他球后，会产生向后的动力，并逆向回缩，俗称"缩杆球"。

1. 撞顶边线球

在 1～2 米的距离内，正面撞顶对方压边球时，若用普通槌头，多数情况下会出现自球、他球双出界的情景；若用斜面槌头，采用打缩杆球的方式撞顶，则很容易发生"置换效应"，即他球出界，自球占位（或回缩到场地内）。

2. 缩杆过门打双杆

①位于二门后，⑤位于二门前（最好是 10～15 厘米），击球员采用缩杆球方式击打①，从二门后撞击门前⑤。撞击后，①回缩到二门后，打出双杆球（图 2.62）。

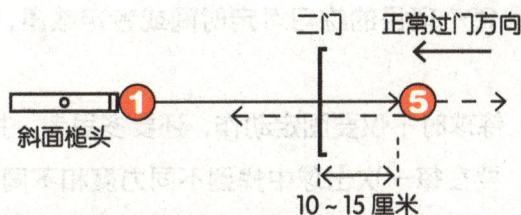

图 2.62 缩杆过门打双杆

学员们可以通过训练熟练地掌握斜面槌头击打方法，不断地总结斜面槌头的使用经验，并在基本应用的基础上，创造出新的打法和应用场景。这样不仅会在比赛中占得先机，还能在技术的钻研中收获乐趣。

2.12 门球技术训练

要想达到较高的技术水平和较快地掌握先进技术和高难技艺，必须进行科学的刻苦训练，即严格、认真、多思、勤练。业精于勤，苦练出智慧，要想拥有高超的球艺，需要长期的磨炼过程。

2.12.1 门球训练的基本要求

高超技术都来自日复一日的刻苦训练。想要在训练中稳步提升技术，就需要遵循以下要求，认真、高效地进行日常训练。

因地制宜。 充分利用球场的开放时间，找大多数人使用的空隙，错峰练球。在家里布置一个小型的训练地垫，随时随地进行固定动作的小范围击球训练。

做好计划。 门球基本技能包含正撞、侧撞、跳球，闪击、闪带、闪顶、闪挤、闪送，还有过门、撞柱、送球到位等。这么多项目的练习必须要有计划地进行，根据循序渐进的原则列出每天要练习的项目。比如先练进一门，再练2米撞击。每个项目的练习可定时间或者定数量，达到要求后方可换成下一个项目。

手脑并用。 练球时不仅要固定动作，还要多思考，找问题。比如在力度训练的过程中，要在每一次击球中找到不同力度和不同落位点的对应关系；在擦边球的练习中，要找到击球点与分球角度之间的关系，并反复练习，让大脑记忆手感。

重在坚持。 想要提高门球技术水平，练就百发百中的手感，就不能三天打鱼，两天晒网，否则到了比赛中也只能碰运气。所以往往比赛中的"失误"并不是偶然的，而是训练太少，技术水平不够导致的。"台上一分钟，台下十年功"，在技术训练这件事情上，没有捷径，刻苦、坚持、认真，才会有收获、回报。

错误做法。 每天在球场上只想着打比赛，不做单项针对性的技术训练，比赛表现失误频发，技术水平停滞不前。不做训练时间和次数的计划，随意挥杆，练球效率较低，无法提高技术水平。

2.12.2　门球技术单项训练

2.12.2.1　进一门的练习

树立信心，稳定情绪。越紧张越有压力，命中率就越低。可适当进行进一门的练习，以适应紧张的比赛气氛。

［练习方法］两队球员按球号顺序依次击球进一门，进行 3~5 轮，要求在开球区选不同的位置击球，不能与上一轮重复。

［计分方法］过门计 2 分，过门但出界计 1 分，犯规或不过门计 0 分。根据 3~5 轮的总分决定胜负队。

2.12.2.2　击球过二（三）门的练习

1. 不同角度斜过二（三）门的练习（图 2.63）

［练习方法］（1）大角度斜过二（三）门。自球放置在二（四）线上，过门方向线与球门两柱连线的角度在 45° 以上（含 45° 角），击球过二（三）门。由于进门角度较大，距离球门较近（一般不超过 4 米），可直接瞄准球门中心点（虚点）正击自球通过球门。（2）从二（三）门一号位斜过二（三）门。进门角度在 30°~45° 范围的边线位置属球门一号位。只要在此位置瞄准打正，也可空心通过球门或碰球门内柱后折射过门。

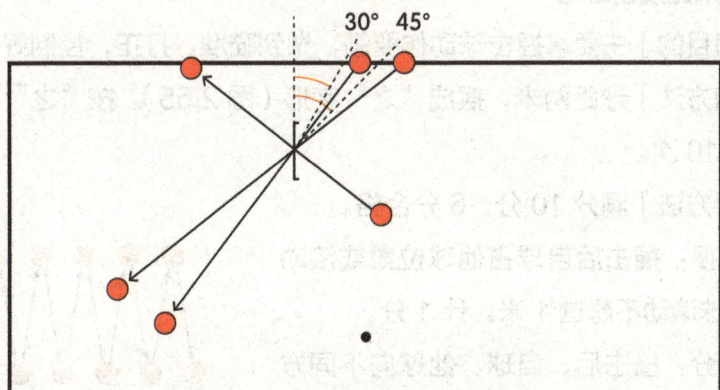

图 2.63　不同角度斜过二门的练习

2. 较远距离过门的练习（图 2.64）

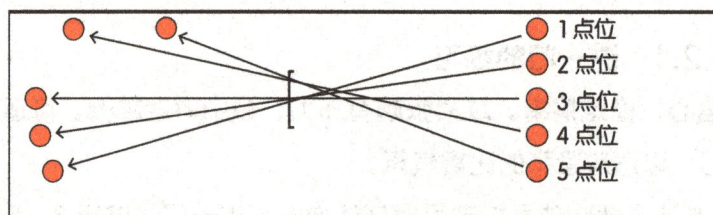

图 2.64　6～8 米不同点位过二门的练习

〔练习方法〕距离二（三）门 6～8 米，在 5 个不同点位击球过门且球不出界。这种练习符合战术要求，也是提高球员过门率的必要措施。

〔合格标准〕1～3 点位的球过门后落位点要靠近三线。4、5 点位的球过门后落位点要在距二线边 30 厘米之内的范围（落位点到位可起到二层占位的战术作用）。

2.12.2.3　撞击球的练习

1. 自由撞击热身练习

〔练习方法〕每日打球时，首先进行此项练习，时间 15～20 分钟。其目的是既做好身体的准备活动，又熟悉场地，更好地掌控撞击球基本技术。每人用两个球，在场内进行撞击球练习，两球距离要保持在两米之内。

2. 两米正撞击练习

〔练习目的〕主要掌握击球动作要领，做到瞄准、打正，控制好力度。

〔练习方法〕球距两米，摆成"之"字形（图 2.65）。按"之"字形顺序依次撞击 10 次。

〔计分方法〕满分 10 分，6 分合格。

• 正撞：撞击后自球占他球位置或滚动较少，他球滚动不超过 1 米。计 1 分。

• 撞分：撞击后，自球、他球向不同方向滚动，且滚动距离基本相等。计 0 分。

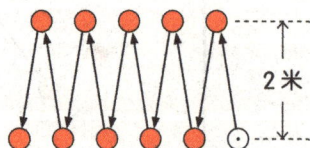

图 2.65　两米正撞击练习

- 撞偏：打成擦边球，自球滚动距离远。扣 1 分。
- 没撞上：扣 2 分。

3. 轻撞两米边线球练习

［练习目的］主要练习正撞击和控球能力，提高队员的心理素质。

［练习方法］球距 2 米，他球距边线 20 厘米，每人打 5 次（图 2.66）。

［计分方法］满分 10 分，6 分合格。

- 正撞他球，两球均不出界。计 2 分。
- 他球出界，自球不出界。计 1 分。
- 自球、他球均出界。计 0 分
- 没撞上他球或虽撞上他球但自球出界。扣 1 分。

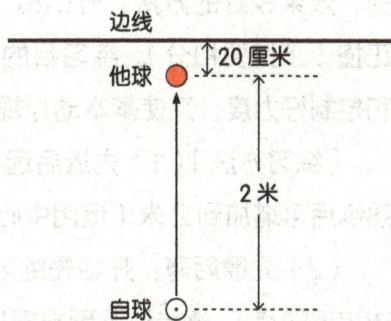

图 2.66　轻撞两米边线球练习

4. 4~5 米撞击练习

［练习方法］放置 3 个间距 4~5 米的球（也可以直接摆放 5 组球），两人对练，轮流击打两侧的球撞击中间的球，每人打 5 次。

［计分方法］撞中一次计 1 分，满分 5 分，3 分合格。

注：初学者练习时，两球距离可从 3 米开始，逐步增至 5 米。有经验者可从 5 米开始，逐步增至 6 米。根据需要参加市级、全国性大赛时，撞击距离可提高到 6~8 米。

5. 2~3 米撞柱练习

［练习方法］以中柱为圆心，分别划出半径为 2 米、3 米的圆，按图 2.67 示意位置摆放 10 个球。两人对练，每人打 5 个球（2 米 3 个，3 米 2 个）。

［计分方法］2 米撞中柱每球计 1 分，3 米撞中柱每球计 2 分。满分 7 分，5 分合格。

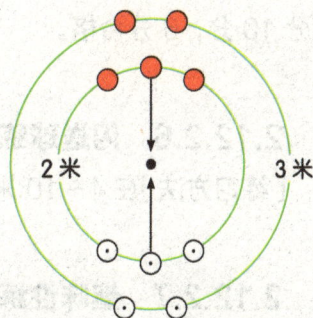

图 2.67　2~3 米撞柱练习

2.12.2.4 擦边球练习

擦边球练习是通过练习，掌握多种瞄准方法和击球要领，找到适合自己的、效果较好的方法。开始练习时允许擦空（擦空后可以重打），但不允许正撞（正撞要扣分）。练习目的是要解决怕擦空的思想，既做到瞄准、击正和控制好力度，又使基本动作规范化。

[练习方法]（1）先近后远：两球距离由 0.5 米开始，逐步增加到 1 米。熟练后可增加到 2 米（运用中心对边法较好）。

（2）先厚后薄：开始先练习侧撞点较厚的擦边球（如打半球或距他球球边较近的点），逐步过渡到根据战术要求选择不同角度和适当的瞄准方法，并能在 1 米多距离打薄擦边球。

（3）先轻后重：开始练习时，打擦边球宜施轻力，能擦出几米即可，主要是掌握基本要领，然后再根据战术要求，施加适当力度，使自球到达目标位置。但无论是施轻力还是适当加力，均要用柔和力，切忌猛加力，更不可甩杆。

2.12.2.5 闪击球的练习

近距离闪顶球练习

[练习方法]在边线上放置 5 个目标球，自球距离目标球 2 米，用他球逐一闪带目标球出界。

[计分方法]目标球出界，他球留在界内得 2 分，两球双出界得 1 分。满分 10 分，6 分合格。

2.12.2.6 闪送球练习

[练习方法]在 4~10 米的距离下，逐一闪送他球进入直径为 1 米的圆圈。

2.12.2.7 趣味性练习

趣味性（游戏娱乐式）练习是为了活跃和调节训练气氛，增强练球的趣味性，即在玩中练球，以娱乐推动练球。其形式多种多样并应具有娱乐性、激励性。

1. 赶球

在相对的边线间设 3 米宽的球道，自球放置在球道一端的边线上，开始时自球、他球相距 1 米（图 2.68）。通过击自球撞击他球，自球停在他球位置，他球直线前进 1.5 米左右，然后再次撞球——直至把他球从球道另一端打出界，才算完成任务。若中途任一球滚出球道外，判失败，则重新开始。此练习宜在练习多时计划休息前执行，完成任务后，方能休息。完不成则要多次练，直到按规定完成。

2. 连续打双球

把 10 个他球等距摆放在直径 1.5 米的圆上（图 2.68），自球由球员随意摆放，击自球的同时撞击两个他球，即可将被撞击的两个他球拿开（只撞击一个他球不能拿开），自球的落位点以撞击后的自然落位点为准（不得在过程中自行移动），继续撞击直至所有他球被拿出，此为一轮。共打三轮，以杆数少者列前。三轮后可排列名次，以激发球员的积极性。

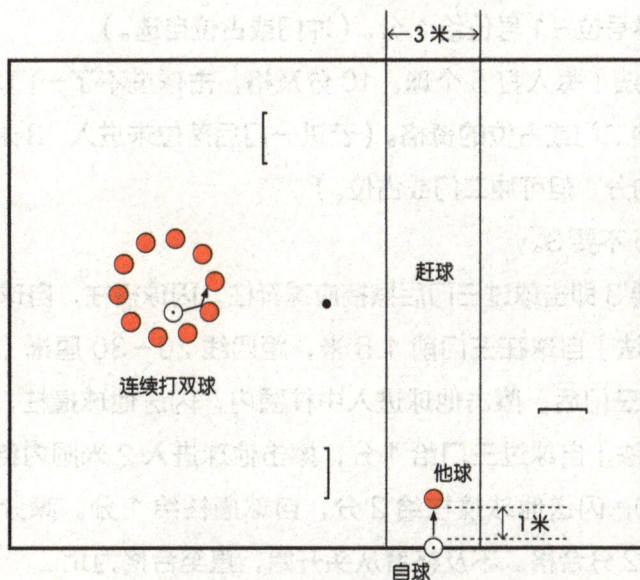

图 2.68 赶球与连续打双球练习

2.12.3 门球技术综合训练

2.12.3.1 击球到位、闪送球到位的练习

控球是一项高精技术，是实现各种战术的基础。这项技术要求球员具有较好的球感和手感，要求球员既会打重球，又会打轻球。要提升控球能力，关键是认真掌握好每一杆击球的力度。

（1）送球到位，闪送球到位。

［练习方法］二、三门前（包括二门后）画直径两米的圆，从二门后圆的右部击（闪）球进入三门前的圆内，再从三门前圆内击（闪）球进入二门前圆内。

［计分方法］每人各击（闪）三个球，每球击（闪）进圆内给1分。满分12分，8分合格，10分优秀。不及格者重做，直到连续两次合格为止。

（2）击球进一门冲二门或到二门一号位占位。

［练习方法］进一门落位13米线（从开球区边线往二线方向13米距离的一条位置线，在此线上的位置具有攻击二门的较好角度）（±1.5米）得1分，直冲进二门、自球不出界给2分，自球出界给1分，未冲进门零分。占位到二门零号位~1号位给1分。（冲门或占位自选。）

［计分方法］每人打5个球，10分及格，击球进不了一门，则不得分，并失去后续冲二门或占位的资格。（若进一门后落位未进入13米线范围，不能给进一门的分，但可冲二门或占位。）

（3）要5不要3。

要5不要3即击球过三门后擦接应球奔柱，闪球撞柱，自球撞柱。

［练习方法］自球在三门前1.5米，距四线20~30厘米（接应球可自摆）。自球进三门后，擦击他球进入中柱圈内，闪送他球撞柱，自球撞柱。

［计分方法］自球过三门给1分，擦击他球进入2米圆内给2分（3米圆内给1分），闪送他球撞柱给2分，自球撞柱给1分。满分为6分。每人击三轮，12分合格。不及格者从头开始，直至合格为止。

上述三个练习见图2.69。

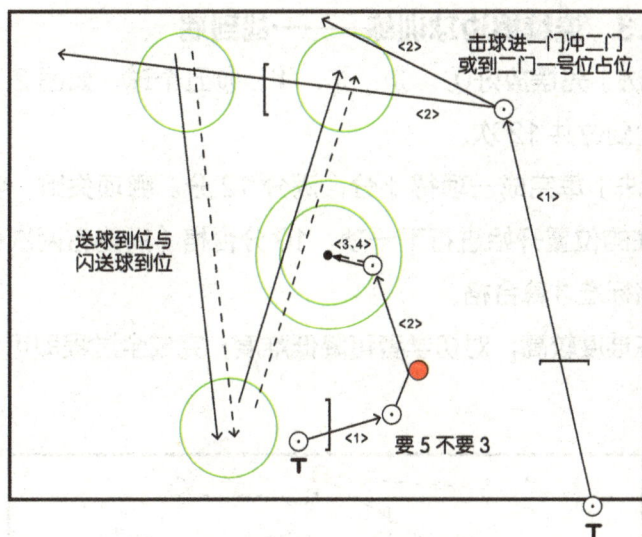

图 2.69 击球到位、闪送球到位的练习

2.12.3.2 撞闪边线球训练

［涉及项目］撞击、闪送。

［训练目的］训练撞击边线球和闪击送球的力度。

［训练过程］6 个球分别位于距边线 20 厘米处，它们之间的距离如图 2.70 所示。自球（①）依次撞击 5 个他球。①成功撞击②后，闪送②到①原来的位置，然后再撞击③，闪送③回到②原来的位置，以此类推，直至成功撞击 5 个球并完成闪送。

［训练要求］撞击后，自球、他球均不出界；闪送的球要到达原来位置。

这是针对球队中猛冲猛打的队员的训练。撞击、闪送不仅需要猛和勇，更需要巧和柔。

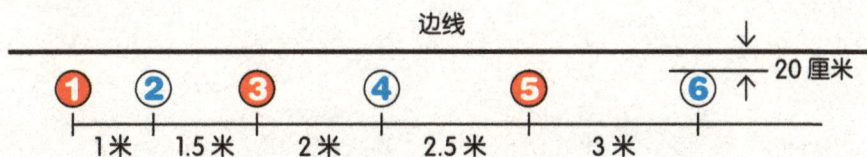

图 2.70 撞闪边线球训练

2.12.3.3　连续擦边球训练——一战到底

［练习方法］先摆放好①、③、⑤、④、⑩五个球，如图 2.71 所示。②
击打闪送擦边到位共 12 次。

［计分方法］每完成一项得 1 分，满分 12 分。哪项失败，哪项不得分，
可从图中标注的位置开始进行下一项，10 分合格（只能有两次失误），连续
二轮达到合格标准才算合格。

此项训练难度较高，对初学者可降低难度，完成全过程即可，不计分。

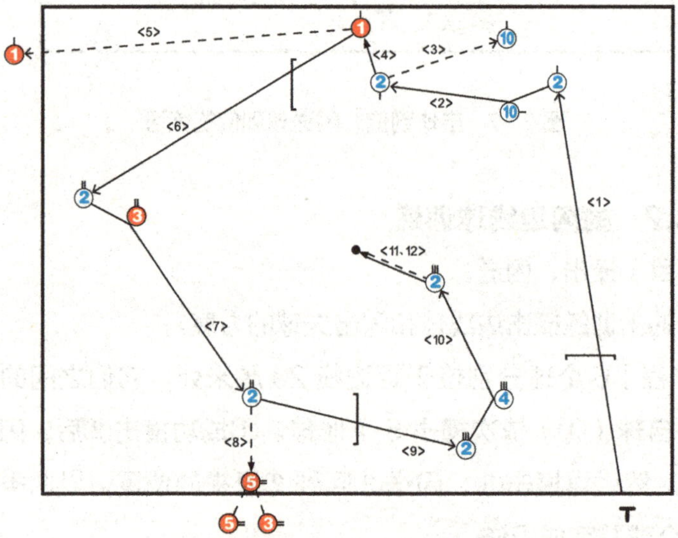

图 2.71　连续擦边球训练

第三章

门球战术

3.1 门球战术概论及战术图

3.1.1 门球战术概论

3.1.1.1 门球战术是什么

门球战术是依据门球运动轮击顺序（图3.1）的特点而制定的指导比赛的原则和方法。战术的运作方式是根据赛场态势的发展以及比赛不同阶段的变化而设计的，既有预定的战术方案，又有据势而变的灵活性策略。

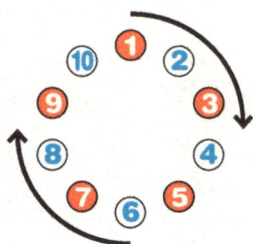

图 3.1 轮击顺序

3.1.1.2 门球战术的作用

门球战术的作用是利用己方各球相互配合的条件，建立攻防体系，调整攻防部署，控制赛场局势，对对手发动攻势，进而保存己方实力，最终获取比赛胜利。战术是赢得比赛的基础，而战术的实施是通过队员的技术能力来实现的，且必须在教练的统一战术指导下才能发挥最大威力。双方在比赛中运用的战术手段多种多样，其根本目的就是得分比对手多。所以，战术是为己方得分、限制对方得分服务的。

3.1.2 门球战术图

战术图就是门球运动"棋谱"，图上记录了击球过程中场上所有球的位置和运行过程。门球场地面积为300平方米，受观察角度的限制，就算借助现场视频也未必能看清所有的球在场上的位置及其对应关系，因此讲解战术时必须借助战术图。

3.1.2.1　门球战术图的作用

门球战术图就是用多种多样的符号，如线条、箭头、圈码字等综合在一起呈现出某一段门球比赛过程，体现出红方、白方各使用了什么战术的方法。

门球战术图能简便、快捷、直观地反映出门球比赛的详细过程，所以在记录门球比赛、研究门球战术、撰写门球赛事资料时，都会用到战术图。

门球战术图可以表现出在一场比赛或比赛的某个片段中，场上各球运行的态势，用以反映赛况，使没有在现场观看比赛的人能迅速了解比赛状况，研习双方的战术运用，从而提高自身战术水平。

3.1.2.2　各种符号的名称和意义

门球战术图符号汇总见表 3.1。

表 3.1　门球战术图符号汇总

符号	名称／说明	应用图例	应用描述
①(⑦⑩)	得分球 一（二、三）门球	见门球战术图示例	已通过一（二、三）门的球
① ①⑩	撞柱球 （在一线外发球区旁）	见门球战术图示例	略
T	起杆符号	见门球战术图示例	轮及某球起杆
<1>	杆次序号	见门球战术图示例	略
←	自球走位路线	见门球战术图示例 <1>	击球过门、去某处占位、接力
←	自球擦击路线 （自球落位在非撞击点）	①←②—①	①擦击②
		①←②—①	①擦顶②
←	自球撞击路线 （自球落位在撞击点）	见门球战术图示例 <12>	撞击他球、自球撞柱

符号	名称／说明	应用图例	应用描述
←－－－	闪击路线 （所有他球的走位路线）	见门球战术图示例 <8>	闪送、闪出界
	闪擦路线 （被闪球落位在非撞击点）	见门球战术图示例 <6>	闪挤、闪带
◄－－－	闪撞路线 （被闪球落位在撞击点）	见门球战术图示例 <16>	闪顶、闪撞柱、 闪带双出界
－－－－	闪带双出界专用虚线 （配合闪撞路线使用）	见门球战术图示例 <11>	略
◄━━━	双杆撞击	见门球战术图示例 <9、10>	略
●◄－━	自球、他球双撞柱	见门球战术图示例 <18、19>	略
×	犯规或进场失败 （配合杆次序号使用）	见门球战术图示例 <2>	略

1. 红白球及得分符号

（1）用红底白字的圈码字表示红球，用白底蓝字的圈码字表示白球。

（2）用球体上的罗马数字Ⅰ、Ⅱ、Ⅲ、Ⅴ表示球的得分情况：一门球（1分）、二门球（2分）、三门球（3分）和撞柱球（5分）。

（3）已撞柱球，在一线外发球区旁增加一个撞柱球符号。

2. 击球符号

（1）多种不同类别的击球过程，如撞击、过门、闪击、占位、擦边、擦顶、打出双杆等，不同操作分别以不同的线条、箭头表示。

（2）"起杆球"是指被呼号后的球。如果某球旁边有起杆球符号，说明比赛过程从该球起杆开始。

（3）杆次序号是表示击球顺序的编号。

3. 连续击球的表示方法

图3.2列出了三种连续击球的表示方法。

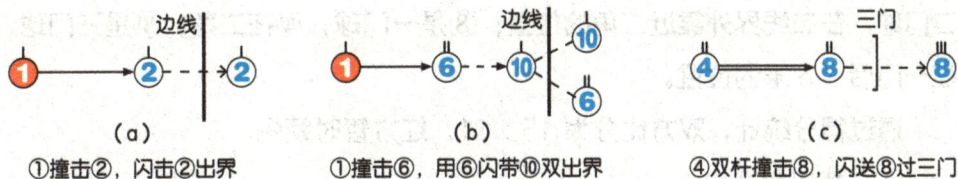

图 3.2 三种连续击球的表示方法

①撞击②，闪击②出界   ①撞击⑥，用⑥闪带⑩双出界   ④双杆撞击⑧，闪送⑧过三门

(a)   (b)   (c)

3.1.2.3 识图读战术

门球战术图示例（图 3.3）描述了一段比赛过程，我们可以分三步来识图。

（1）通过得分球符号和场地位置，看出各球的得分及比赛中所处的位置。

红方：①是撞击过一次中柱并重新进场的一门球（通过一门的球），停在二门零号位；③是二门球（已过了二门的球），停在四角；⑤是三门球，在靠近一角处的界外；⑦是二门球，在四线中位置的界外；⑨是二门球，停在三门前 5 米靠近四线的位置。

白方：②是三门球，离中柱大约 2 米；④是二门球，在二线界外；⑥是

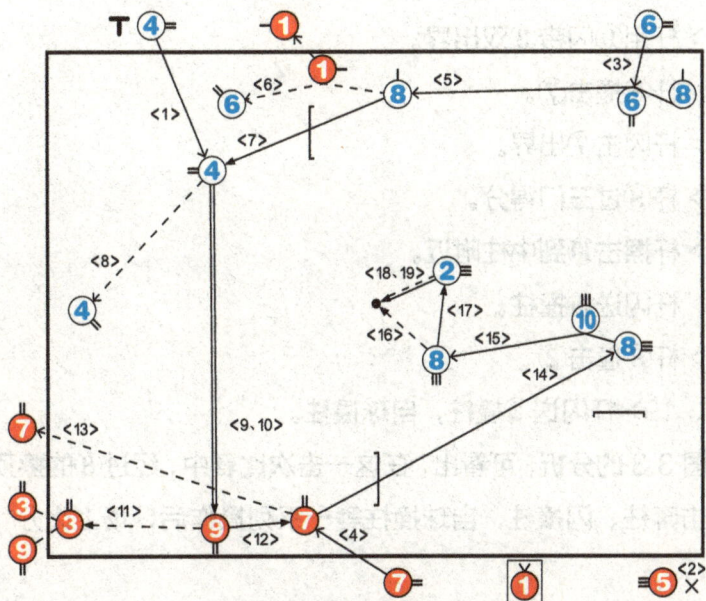

图 3.3 门球战术图示例

二门球，在二线界外靠近二角的位置；⑧是一门球，停在二角；⑩是三门球，在一门后 3.5 米的位置。

通过得分统计，双方比分为 15∶11，红方暂时领先。

（2）找出起杆球。

④旁边有符号"丁"，表示④为起杆球。

（3）查看击球过程。

第 <1> 杆④进场到二门后。

第 <2> 杆⑤进场失败。

第 <3> 杆⑥进场接应⑧。

第 <4> 杆⑦进场接应⑨。

第 <5> 杆⑧擦顶⑥到二门前。

第 <6> 杆闪击⑥擦撞①出界，⑥落到二门后。

第 <7> 杆⑧过二门得分，同时又撞击④，打成双杆。

第 <8> 杆闪送④到三线中。

第 <9、10> 杆⑧用双杆撞击⑨。

第 <11> 杆用⑨闪带③双出界。

第 <12> 杆⑧撞击⑦。

第 <13> 杆闪击⑦出界。

第 <14> 杆⑧过三门得分。

第 <15> 杆擦击⑩到中柱附近。

第 <16> 杆闪送⑩撞柱。

第 <17> 杆⑧撞击②。

第 <18、19> 杆闪送②撞柱，自球撞柱。

通过对图 3.3 的分析，可看出，在这一击次比赛中，经过⑧的擦顶、闪带、双杆球、擦击奔柱、闪撞柱、自球撞柱等一系列操作后，场上比分 15∶19，白方领先。

3.2 门球基本战术球

基本战术球是指具有一定战术作用的号球，包括：守门球、接力球、派遣球、借用球、防御球、王牌球、双杆球。

3.2.1 基本战术球之"守门球"

3.2.1.1 守门球的定义

守门球是指占据球门附近的重要位置，能阻止对方球靠近球门的己方球。

3.2.1.2 守门球的作用

球门是双方必争之地，抢先占据球门，是门球竞技的战略要点。有效地掌控二、三门（如图 3.4 所示），对开局夺势与得分有着重要作用，对比赛的胜负也颇具意义。哪一方把守了球门，哪一方就会取得赛场主动权。有了守门球，就能控制球门前后大片战略要地，既有利于己方球过门得分，又可攻击对手靠近球门的球，达到阻止对方球过门得分的目的。

守门可以单球守门（如图 3.4 中④所示），也可多球结组守门（如图 3.4 中①、⑨所示）。单球守门由于缺乏己方球的保护

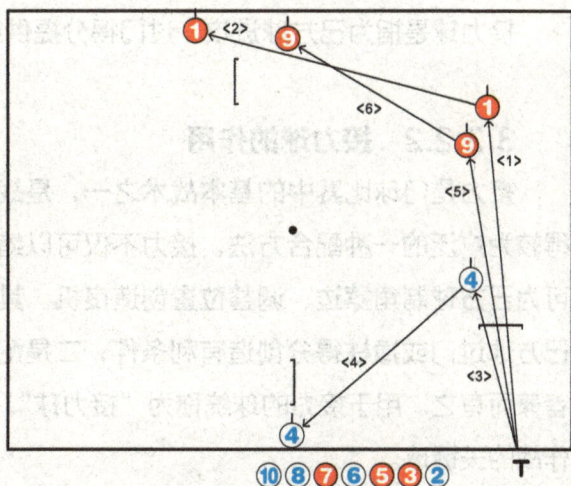

图 3.4 守门球

而易遭到对手攻击，故目前的主流方式是己方球间密切配合的结组守门或相互换位的轮转守门，以提高守住球门的成功率。

图示：轮及①起杆。

第 <1> 杆①过一门进场（比赛开始由①起杆）。

第 <2> 杆①占据二门二号位。

第 <3> 杆④过一门进场。

第 <4> 杆④占据三门零号位。

第 <5> 杆⑨过一门进场。

第 <6> 杆⑨奔二门一号位，接应①。

守门时要格外注意击球力度，尽量让守门球的落位点靠近边线，最好能压线，以避免遭受对手的攻击。因为一旦靠近边线，若对手选择攻击守门球，不仅难度大、成功率低，而且即便得手，也容易将其撞击出界，从而失去续击权。

3.2.2 基本战术球之"接力球"

3.2.2.1 接力球的定义

接力球是指为己方球进攻、过门得分提供帮助的己方球。

3.2.2.2 接力球的作用

接力是门球比赛中的基本战术之一，是战术体系运作的基础，也是应用得较为广泛的一种配合方法。接力不仅可以缩短己方攻击对方球的距离，还可为己方球制角擦边、调整位置创造良机。其主要作用概括为两点：一是为己方球过门或撞柱得分创造有利条件；二是配合己方球攻击对方球，有时两者兼而有之。用于接力的球统称为"接力球"，是己方球之间相互配合、协同作战的关键球。

接力球一般用于让自球直接落位到己方后序先手球附近为其接力（最好

是己方下号球，俗称"找下号"，如⑨接①，①接③，或②接④，⑩接②等，既能受下号球保护，又能为下号球完成战术任务创造条件）。图3.5中，⑨接应①，⑨过一门得分后落位二门附近，轮及①起杆时，便可撞击⑨调位，使两球过二门得分。接力球可划分为直接接力球、球后（间接）接力球、多球接力球、隔门接力球。接力球一般用于让自球直接到己方他球附近（预定目标方向）接应，从而让己方他球可以轻易完成撞击，再把接力球闪送过门或撞柱得分，或闪送接力球到场上有利位置；抑或是通过接力球的接应配合，使己方他球撞击（或擦击）接力球后，移动到更为有利的位置，缩短攻击对方球的距离或落位到更容易过门、撞柱得分处。

运用接力球时要记牢双方球号，为己方先手球接力，并观察双方各号球场内位置，确保己方球的安全。送球接力要到位，切勿靠近对方球。

图示：轮及①起杆。

第 <1> 杆①撞击⑨。

第 <2> 杆①闪送⑨过二门得分后到四角区域附近落位。

第 <3> 杆①过二门得分。

第 <4> 杆①奔四角落位接应⑨。

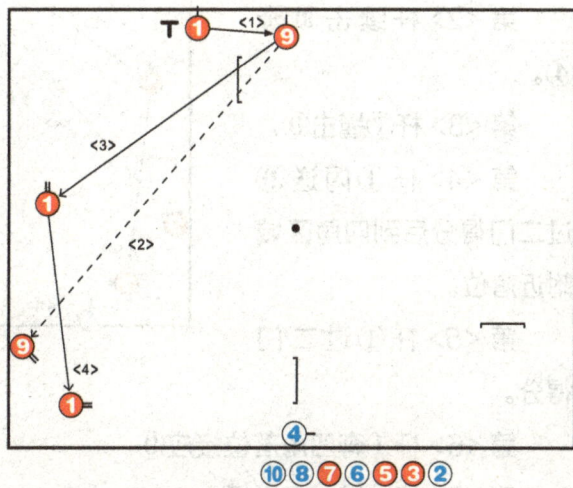

图 3.5 接力球

3.2.3 基本战术球之"派遣球"

3.2.3.1 派遣球的定义

派遣球是指击球员通过击打自球撞击己方他球后，将其闪送到有利位置以完成战术任务的己方球（通常是派遣先手球）。它是根据门球运动周期性规律制定的战术，也是门球战术的核心战术之一。

3.2.3.2 派遣球的作用

派遣球的作用即通过闪送，将己方先手球（或王牌球）直接派遣到对手关键球附近，以攻击对手。图 3.6 中，②通过⑩的接应，撞击④后，直接闪送④到对手①、⑨附近。待④起杆时即可攻击①、⑨。

图示：轮及⑩起杆。

第 <1> 杆⑩过一门进场。

第 <2> 杆续击⑩奔④。

第 <3> 杆①撞击⑨。

第 <4> 杆①闪送⑨过二门得分后到四角区域附近落位。

第 <5> 杆①过二门得分。

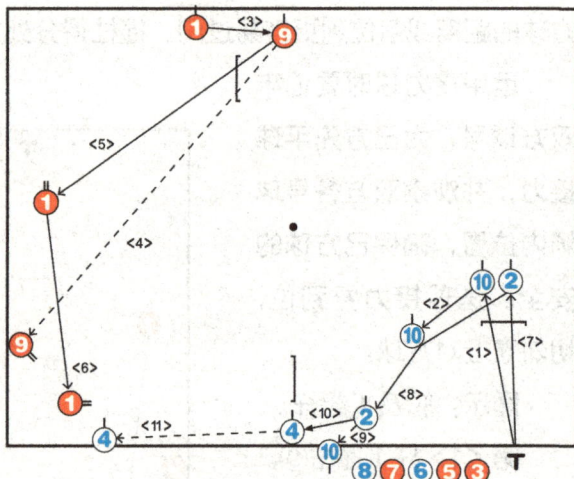

图 3.6 派遣球

第 <6> 杆①奔四角落位接应⑨。

第 <7> 杆②过一门进场。

第 <8> 杆②擦击⑩奔④。

第 <9> 杆②闪送⑩落位四线附近。

第 <10> 杆②撞击④。

第 <11> 杆②闪送④靠近①。

己方通过实施派遣球可攻击对手、控制局势，调整己方球场上部署，而精准的派遣可确保己方得分。派遣球可分为直接派遣球、间接（传递）派遣球、子母（双球）派遣球、交替派遣球等。一般是两球结组实施派遣，应由上号球派送下号球（如图 3.6 中②派送④）。

运用派遣球可扭转己方不利局面，在门球比赛中十分常见。派遣己方先手球攻击对手的后手球，不仅要考虑距离因素，还要考虑不给对手临杆球攻击错位球或密集球的机会，当然首先要确保己方球安全。切忌搞错球号顺序错误派遣，实施无效（或低效）派遣，应避免超前派遣，否则会造成无法挽回的损失。

3.2.4 基本战术球之"借用球"

3.2.4.1 借用球的定义

借用球是指撞闪对方球为己方先手球所用的球。借用球利用对方球为完成己方战术任务服务，不仅能打击对手，还能确保己方球获得进攻机会，从而有效控制场上局面。

3.2.4.2 借用球的作用

借用球是一种"他为己用"的高级战术，不仅能借用对方球使己方得分夺势，更可给对手施加精神压力。借用球可用于接力过门、造打双杆球等。

1. 接力过门

图 3.7 中，白方⑩通过借用红方的③，不仅使己方②获得了过三门得分的机会，同时打击了红方的①，并最终完成了②撞柱得分，从而让己方胜券在握。

图示：轮及⑩起杆。

第 <1> 杆⑩过二门得分。

第 <2> 杆⑩撞击③。

第 <3> 杆⑩闪送③到三门前接应②。

第 <4> 杆⑩奔三门后落位。

第 <5> 杆①就近进场压线。

第 <6> 杆②撞击③。

第 <7> 杆②用③闪带①双出界。

第 <8> 杆②过三门得分。

第 <9> 杆②擦击⑩靠近中柱。

第 <10> 杆②闪送⑩接应④。

第 <11> 杆②撞柱。

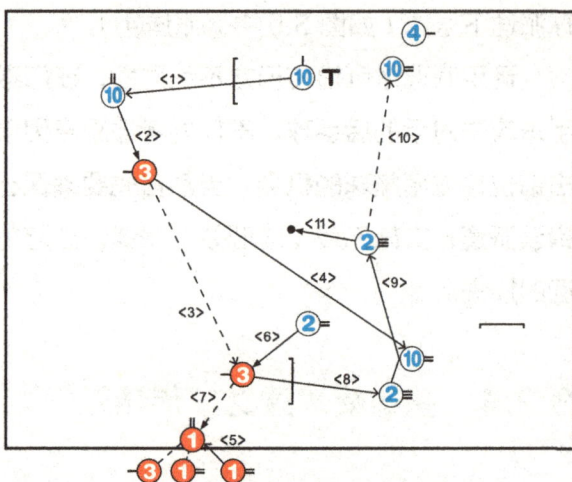

图 3.7 借用球接力过门

2. 造打双杆球

图 3.8 中，由于白方④在界外，红方③起杆可放心借用白方的②，为己方的⑤提供调位过三门的机会，并在三门后接应⑤，为其造打双杆球。

图示：轮及③起杆。

第 <1> 杆③撞击②。

第 <2> 杆③闪送②到三门前以接应⑤。

第 <3> 杆③到三门后落位。

需要注意的是，将对手后手球闪送给己方门前待杆球调位，切勿闪送到门后，以防己方待杆球通过球门时发生失误，留下隐患。运用借用球时，球号轮击顺序不能搞错（如⑤撞击⑧后，只能闪送给己方⑦用），一般给己方

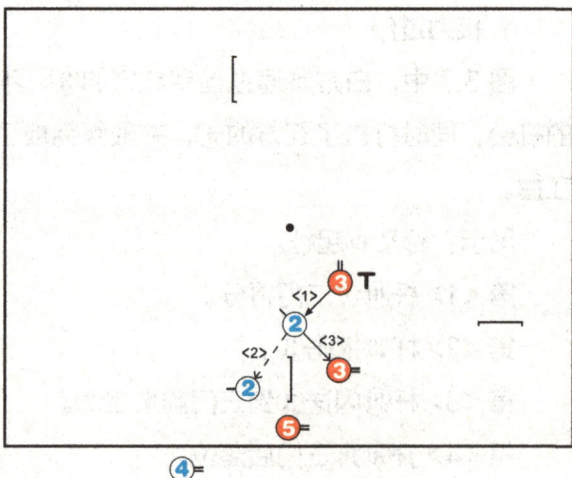

图 3.8 借用球造打双杆球

下号球用，且对手先手球离此球较远，无法解救。

3.2.5　基本战术球之"防御球"

3.2.5.1　防御球的定义

防御球是指在门球比赛中面对不利局面时，处于防守态势、伺机反击的号球。

3.2.5.2　防御球的作用

门球比赛中要做到攻守兼备，能攻会守才能获胜，而防御是进攻的前提。从战术角度讲，进攻时一定要坚决，防守时则分散、隐蔽，只有保存实力做好防守，才能伺机发动反攻。防御球一般可分为压线球、靠边球和保护球。如自球在没有保护球的情况下，界外进场就要压在边线上或尽量靠近边线。若有己方球保护，既可将己方他球撞送到靠边的位置分散、隐蔽，使对手不能派遣球攻击，亦可将自球送至保护球附近。一般是闪送己方先手球去保护后手球或闪送后手球去找己方先手球寻求保护。

图 3.9 中，③起杆撞送⑦给⑤，形成⑤、⑦连号结组之势。白方④撞击⑥后，未闪送其过三门，而是把⑥送到⑧附近，用来保护⑧、⑩。虽然白方少得 1 分，并失去对三门的控制权，但保住⑧、⑩，双方仍势均力敌。若④闪送⑥过三门得分，失去保护的⑧、⑩将被⑤派遣⑦

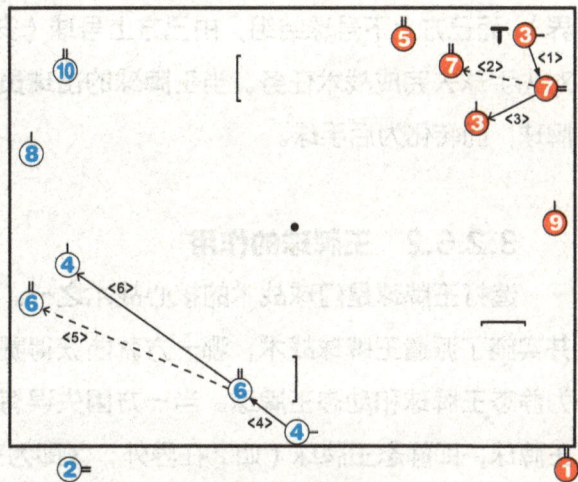

图 3.9　防御球

打掉，加之②处界外，下一轮，红方③成为王牌球，白方很可能被清场，难以翻盘。

图示：轮及③起杆。

第 <1> 杆③撞击⑦。

第 <2> 杆③闪送⑦靠近⑤。

第 <3> 杆续击③落位⑦附近。

第 <4> 杆④撞击⑥。

第 <5> 杆④闪送⑥靠近⑧（保护⑧和⑩）。

第 <6> 杆续击④落位⑥附近。

3.2.6 基本战术球之"王牌球"

3.2.6.1 王牌球的定义

王牌球是指在己方先手球之前的对手上号球缺号（界外或缺员），也被称为"绝对先手球"。绝对先手球同己方上号球成功结组，可被派遣执行战术任务时称为"派遣王牌球"。

王牌球的产生条件及时限性：必须是对方球在场内缺号（或即将被打出界），而己方上下号球结组，由己方上号球（安全时其他球也可）成功派遣绝对先手球去完成战术任务。当王牌球的击球员击打完毕后，该球就不再是王牌球，而转化为后手球。

3.2.6.2 王牌球的作用

造打王牌球是门球战术的核心战术之一。哪一方先于对手造打出王牌球并实施了派遣王牌球战术，哪一方就能获得赛场主动权。王牌球按类型可分为静态王牌球和动态王牌球。当一方因失误有球出界，另一方便可借机造打王牌球，即静态王牌球（如②在界外，③即为王牌球）。而比赛中，利用己方攻势，将对手关键球（腰球）闪击出界后而派送的王牌球通常被称为动态王牌球（如④撞闪⑤出界后，再派送王牌球⑥）。

图 3.10 中，②、④在三门边线结组，①、③在二门后，轮及⑩起杆。⑩过二门得分后，宁可放弃①不打，也要运用牺牲顶撞顶③（腰球）出界，为后续②派送王牌球④攻击红方的⑤、⑦创造条件。

图示：轮及⑩起杆。

第 <1> 杆⑩过二门得分。

第 <2> 杆⑩撞顶③一同出界(④即为王牌球)。

造打王牌球时要注意保护王牌球，切勿过早结组、派送，严防对手破坏。派送王牌球时要掌控好闪送力度，切勿把王牌球闪送出界。而派送王牌球攻

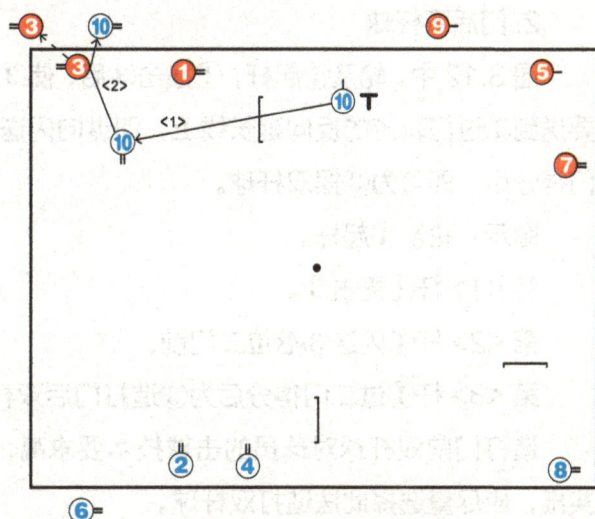

图 3.10　造打王牌球④

击对方球时，要遵循"打多不打少，打关键不打一般，打易不打难（压线球）"等原则。

3.2.7　基本战术球之"双杆球"

3.2.7.1　双杆球的定义

双杆球是指自球撞击他球后，又通过球门得分或通过球门得分后，自球又撞击了他球，待闪击完成后，可获得两次续击权的自球。

3.2.7.2　双杆球的作用

双杆球是门球比赛的基本战术，也是一种技巧球，是门球比赛中攻击力强、威力大的战术球。双杆球按照先撞击他球后，自球再过二门（或三门），或自

球先通过二门（或三门）再撞击到他球，分为门前双杆球和门后双杆球。

1. 门前双杆球

图 3.11 中，①起杆，利用侧撞技术，先撞击二门前的⑨，同时①在后续的移动中顺利过门，打成门前双杆球。

2. 门后双杆球

图 3.12 中，轮及①起杆，①撞击③后，使③落位在二门前（①闪送③时，要送到①过门轨迹的反向延长线上，即纵向闪送使①、③成一条直线），①过门得分后，即可为③摆双杆球。

图示：轮及①起杆。

第 <1> 杆①撞击③。

第 <2> 杆①闪送③落位二门前。

第 <3> 杆①过二门得分后为③造打门后双杆球。

造打门前双杆球对球员的击球技术要求高，应谨慎运用。门后双杆球易实施，应尽量选择此法造打双杆球。

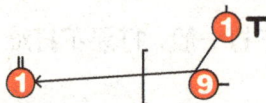

图 3.11　门前双杆球　　　　图 3.12　门后双杆球

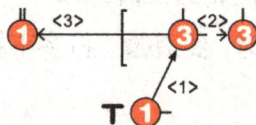

3. 球球双杆（角度双杆球）

在 2011 年之前的我国门球规则中，有在一次击球的过程中，撞击了多个他球并完成闪击后，可获得两次续击权的规定，称为球球双杆或角度双杆。即击球员运用各种击球方式，控制自球撞击他球的角度和力度，使之再撞击一个或多个他球。这是一种较有难度的技术，曾经在门球赛场上发挥过巨大的威力，并由此衍生出四角战术、一角战术等针对造双夺势的门球战术。根据我国现行 2015 版门球竞赛规则与裁判法，不判定为双杆，但可以应用于一击次击打到多个他球，从而提升击球的效率。

3.3　门球基本战术应用

基本战术是指门球比赛中较为常用的战术，包括结组战术、控制与反控制战术、压边与反压边战术、球门战术、轮次前抢战术。

3.3.1　基本战术应用之"结组战术"

3.3.1.1　结组战术的定义

结组战术是指使己方两个或两个以上的号球互相联系、相互策应的战术。

3.3.1.2　结组战术的作用

结组战术是针对门球比赛轮击顺序周期性规律的具体应用，其通过使己方球之间保持联结，达到既能协作配合、相互保护，又能攻守兼备、灵活机动，是实施各种战术的基础战术，兼具进攻、防御和控势的多重属性。门球俗语讲："打球跑'单帮'，迟早要遭殃；打球不结组，难免陷被动。"一语道出运用结组战术的重要性。结组战术不仅是实施派遣球攻击对手的前提，也是防御时的主要战术。

运用结组战术时，一般是二（或三）个球结组（过多球结组易引发对手攻击）。结组战术从球号方面，可分连号结组，如①与③、⑨与①以及相间号（非连号）结组，如①和⑤或①和⑦等。利用门球比赛规则号球过门得分后有续击权的规定，使己方两个球在球门前、后隔门结组（如图 3.13 中⑨与①），被称为隔门结组，又称定向结组。两球通过球门相互呼应，门后球既能为过门球接力，又受其保护。以上都是较为常见的结组形式。

图示：轮及①起杆。

第 <1> 杆①过一门进场。

第 <2> 杆①占据二门一号位。

第 <3> 杆④过一门进场。

第 <4> 杆④占据三门一号位。

第 <5> 杆⑧过一门进场。

第 <6> 杆⑧奔三门二号位，接应④（相间号结组）。

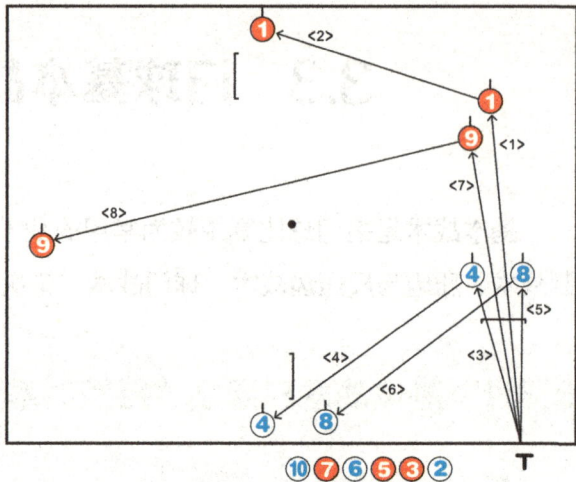

图 3.13　结组战术

第 <7> 杆⑨过一门进场。

第 <8> 杆⑨奔三线中落位，与①隔门结组。

运用结组战术时要确保己方结组球的安全，切勿密集结组，以免引发对手攻击。通常是利用场上的球门柱、中柱作为遮挡，尽量在边角结组，但要防止机械地结组。虽然一般的结组规律是找下号球，但能否找下号球，应以己方球是否安全为准。图 3.14 中，①起杆若与③结组，②就有通过擦击④攻击③的可能，此时①应去二门后与③隔门结组以确保安全。

此外，当己方有缺号或孤球远离形成离断，而对手又有先手球结组时，自球切勿找后手球结组，如图 3.15 所示，白方②、

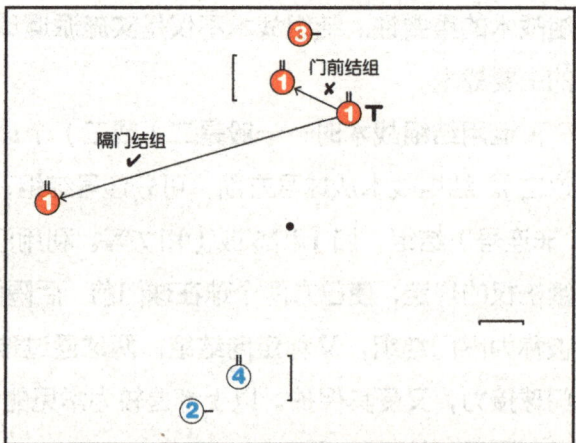

图 3.14　应采用隔门结组

④已结组，③又在界外，轮及①起杆，此时切不可找⑤结组。因为白方②必派送④攻击①、⑤，①与⑤结组将都被④撞闪出界。

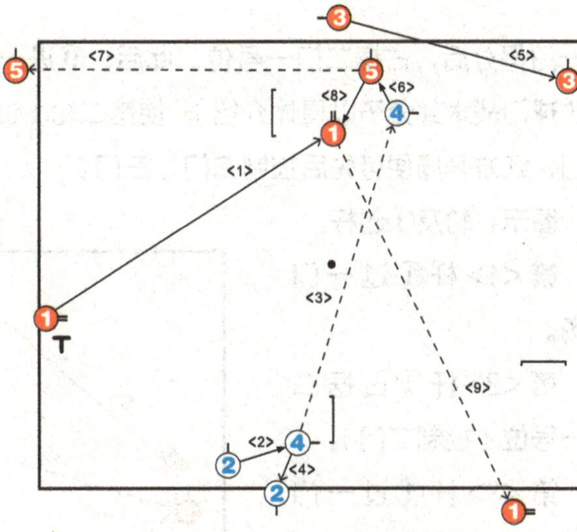

图 3.15　后手球结组遭打击

3.3.2　基本战术应用之"控制与反控制战术"

3.3.2.1　控制与反控制战术的定义

控制战术是指通过控制球门或控制、限制对方球，让对手没有相互接应、结组、制角发动攻势或过门、撞柱得分，发动攻势的机会。反控制战术是指破解控制战术的战术。

3.3.2.2　控制战术的作用

运用控制战术，可控制场上局势、抑制对手得分。运用此战术应既要实施控制措施，又要择机向对手发动进攻，才能发挥此战术的真正威力。控制战术一般分为控制球门、控制对方球两个方面。

1. 控制球门

门球比赛打好开局至关重要，双方通常围绕对球门的控制权展开激烈争夺。谁控制了各个球门，谁就可掌握赛场主动权。其中，控制二门既可确保己方球过门得分，又能抑制对方球过门得分。实施此战术对球员的技术要求较高，红白双方需认真选定关键球员，确保成功控制球门。图 3.16 中，①

进一门得分后，占据二门一号位。此后，⑨进一门得分后，通过与①隔门结组（球门战术部分予以具体介绍），使第二轮①过二门得分后，可擦击⑨攻击三门，红方开局便可先后控制二门、三门。

图示：轮及①起杆。

第<1>杆①过一门进场。

第<2>杆①占据二门一号位（控制二门）。

第<3>杆④过一门进场。

第<4>杆④占据三门一号位（控制三门）。

第<5>杆⑨过一门进场。

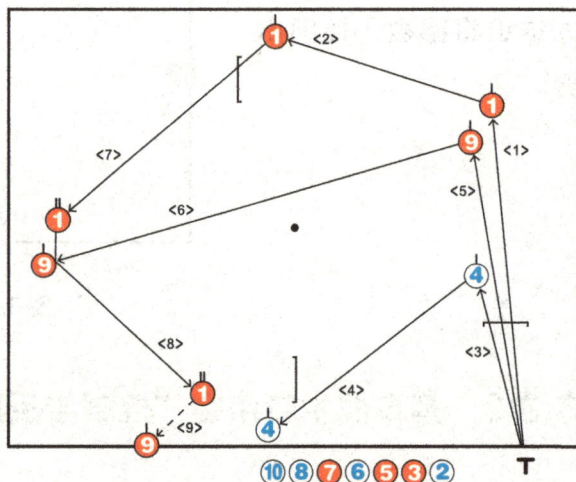

图 3.16 控制球门

第<6>杆⑨奔三线中落位，与①隔门结组。

第<7>杆①过二门。

第<8>杆①擦击⑨奔三门前落位。

第<9>杆①闪送⑨占据三门一号位（①后续可攻击④，红方控制三门）。

此外，一门留球也是门球比赛特有的战术部署，即比赛开始后，击球员放弃击球进场。选择一门留球的目的是控制一门后及二、三门前后的大片赛场区域，从而让对手有所顾忌，不敢轻举妄动。这种后发制人、攻守兼备的战术选择也是控制战术中的重要组成部分（将在开局战术部分予以介绍）。

2. 控制对方球

在门球比赛中，占优一方只要控制好对方球，就能控制赛场局势，不给对手反攻的机会，从而确保胜利。门球比赛中，各号球要相互配合才能有所作为。因此，使对手临杆球成为孤球，是常用的控制对方球的方法。即派己方临号先手球到欲控制的对方球附近，对该球进行控制，使其友球无法接应此被控制的球。

图 3.17 中，轮及⑩起杆，⑩派遣②控制③，再派送④去攻击⑨（需远离①的攻击范围）。由于③被②控制，即便①起杆也不敢靠近接应③，因此①、③、⑨均被控制，成为孤球。②届时可根据场上整体形势需要考虑是否与③共同出界。

图示：轮及⑩起杆。

第 <1> 杆⑩擦击②奔④。

第 <2> 杆⑩闪送②落位③附近。

第 <3> 杆⑩撞击④。

第 <4> 杆⑩闪送④落位⑨附近。

当然，控制对方球的最终目的还是使己方可以攻击对手，故还是应适时结合控制发动攻势。

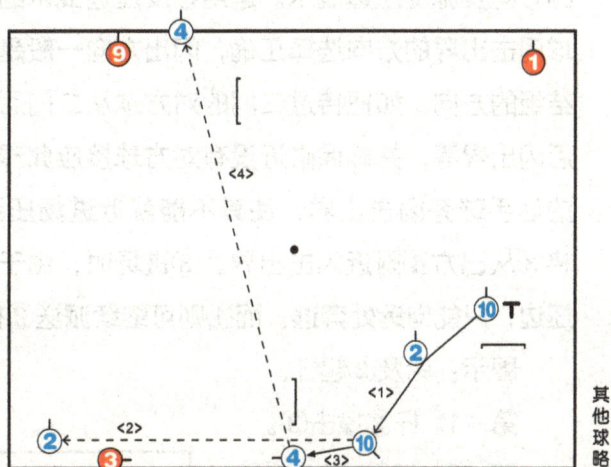

图 3.17　控制对方球

3.3.3　基本战术应用之"压边与反压边战术"

3.3.3.1　压边与反压边战术的定义
在门球比赛中，运用压边球（落位在边线上的球）进行防守较为常见，这是一种重要的战术。反压边战术是指破解"压边战术"的战术。

3.3.3.2　压边与反压边战术的作用
压边战术既能压边自保，又能伺机反击。压边球所在的区域能直接过门得分或威胁对手，或己方球之间协作配合，使压边球能发动攻势是运用压边战术的关键。反压边战术则要求不给对手压边球直接过门得分的机会，或给对手进场球压边制造困难，从而予以再次打击对手进场球，破坏对手防守反击的战术。

　　压边战术相对易于实施，只需掌控好击球力度让球压线成功，即可按照轮击顺序伺机和己方球相互配合。这里主要举例介绍如何在闪击对方球出界的方向实施反压边战术。运用好反压边战术的重点是撞击对方球后，将对方球闪击出界的方向选择正确，闪出方向一般是该球不能直接过门得分或难以结组的方向。如把待过二门的对方球从二门后闪出界，待过三门的球从三门后闪出界等，并确保附近没有对方球接应此球。或是从靠近己方在边线附近的后手球旁闪击出界，使其不能就近进场压边。图 3.18 中，②撞击③后，将③从己方④附近闪击出界。③进场时，由于受到④的威胁，难以就近进场压边，只能向远处奔逃。而④则可继续派送②持续追击③，使之再遭打击。

　　图示：轮及②起杆。

　　第 <1> 杆②撞击③。

　　第 <2> 杆②闪击③出界。

　　第 <3> 杆②落位④附近。

　　第 <4> 杆③界外进场。

　　第 <5> 杆④撞击②。

　　第 <6> 杆④撞送②落位③附近。（待②起杆仍可继续攻击③。）

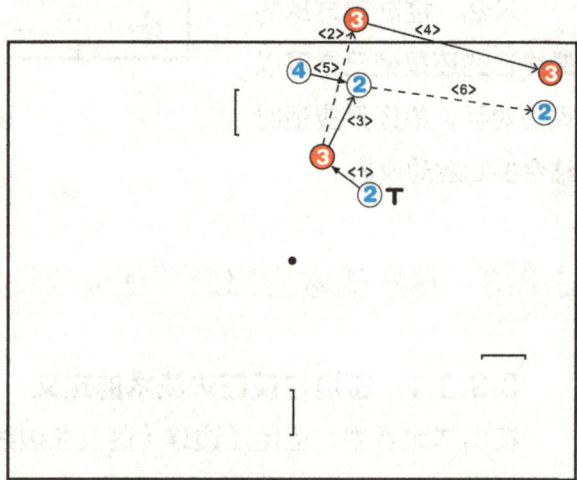

图 3.18　反压边战术

　　此外，以己方球正顶（多利用斜面槌头击打）、侧顶、牺牲顶对手压边球出界，都是较为常见的、直接的破解压边战术的打法。当然，如能做到"他球出界，我球不出"，避免使用牺牲顶，则是理想的操作。

3.3.4　基本战术应用之"球门战术"

3.3.4.1　球门战术的定义

球门战术是指利用球门对攻守战术进行设计的战术。门球比赛规则规定，按一、二、三门的顺序通过球门，既能得分，又可有一次续击权。因此，球门战术的重要性不言而喻。门球场上有三个球门，关于一门、二门或三门的球门战术略有不同。针对一门的球门战术主要是一门留球不进场或接应二次进一门的己方球，从而发动一门攻势。而针对二门或三门的球门战术则主要是隔门结组和球门双杆。

3.3.4.2　球门战术的作用

针对不同的球门进行战术设计，不仅可以控制场上局势，还能抑制对手，为最终获胜创造有利条件。

1. 一门攻势

比赛开始后，通过一门留球，发动一门攻势展开战术配合达到开局夺势的战略目的较为常见。一门攻势还具有很强的突发性，可拓宽己方战术发展的空间。图 3.19 中，轮及⑤起杆，⑤进场不敢到二门前接⑦，只好进场靠边。⑥擦⑧奔柱，闪⑧撞柱得分，⑥去一门后接⑧。⑦只能在原地靠边。⑧再进一门，擦⑥奔二门前，闪⑥看管⑦，⑧过二门后奔三门前落位。至此，白方控势占优。此例中，⑥撞闪⑧撞柱得分，再去一

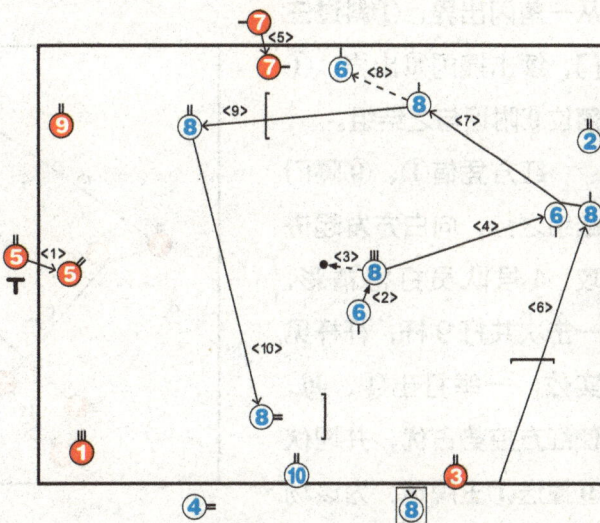

图 3.19　一门攻势

门后接重进一门的⑧，使⑧再次进一门后发动一门攻势，攻击力猛增，让红方难以防范。

2. 球门双杆

此前基本战术球中介绍过双杆球，而利用己方球门附近的球相互配合，造打出的双杆球有一定的隐蔽性，击球员主要通过撞击或闪撞他球调位来实现。图3.20中，③撞击①，用①闪撞⑤移位到门后合适位置，③过门撞击⑤打成双杆球。

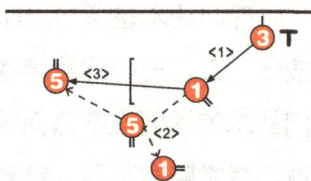

图3.20　球门双杆

3. 隔门结组

隔门结组战术是攻防兼顾的战术，利用球门使己方球结组，达成球与门相配合的战术目的，既能给己方球接力，又使己方球受过门球的保护，从而达到"结而不密，疏而不散"的战术效果。

首轮①占二门一号位。②、③一门留球。④占据三门一号位。⑤、⑥、⑦、⑧一门留球。⑨过一门去三线中与①结组。⑩进一门后，在门后轨道线（从开球区右上角进一门，落位到二门前方区域的开球线路）上接②。第二轮，图3.21中，①过二门得分后，擦击⑨奔三门前，闪送⑨靠四线边，撞闪④从一角闪出界，①斜过三门，续击撞闪⑩出界，①落位⑨附近与之结组。

红方凭借①、⑨隔门结组之势，向白方发起进攻。1号队员打得精彩，一击次共打9杆，杆杆见实效，一举打出④、⑩，使红方控势占优，并埋伏⑨撞送①王牌球，为该场取胜奠定了基础。

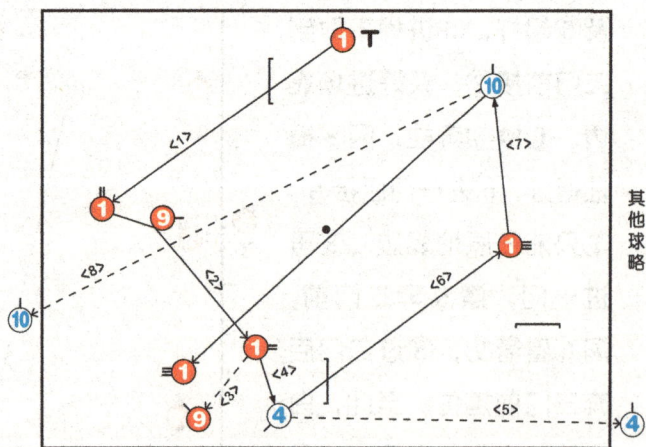

图3.21　隔门结组

球门战术没有一成不变的套路，但不论如何运作，最终目的都是利用球门与己方球的相互配合攻击对手。

3.3.5 基本战术应用之"轮次前抢战术"

3.3.5.1 轮次前抢战术的定义

轮次前抢战术是指不仅完成本轮次任务，还将己方球本轮次以后的战术任务，提前到本轮次来完成。

3.3.5.2 轮次前抢战术的作用

门球比赛中，早得分、多得分是取得赛场主动权的有效措施。运用轮次前抢战术使己方各球早早得分，可以给对手施加精神压力。轮次前抢战术是一种积极抢分的进攻战术。

1. 通过击球技巧实施轮次前抢

用撞顶手段实施轮次前抢，对击球员的技术有着很高要求。图 3.22 中，轮及⑤起杆。⑤侧撞⑨过二门得分的同时⑤落位三门前，⑤闪送⑨过三门得分，⑤过三门得分后，续击撞柱。此打法把⑤、⑨过三门得分的过程提前了一个轮次，达成了轮次前抢的战术目的。

图示：轮及⑤起杆。

第 <1> 杆⑤侧撞⑨，使⑨过二门得分，⑤落位三门前。

第 <2> 杆⑤闪送⑨过三门得分。

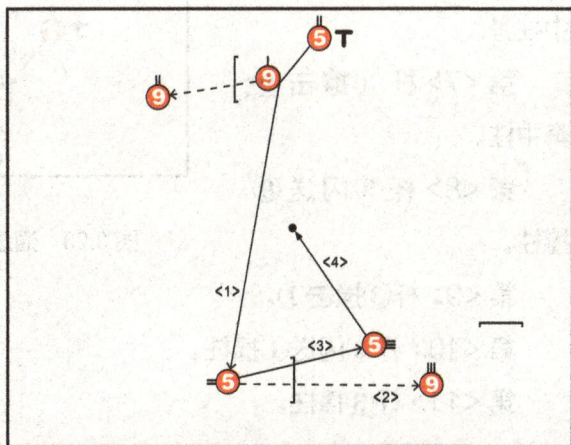

图 3.22 通过击球技巧实施轮次前抢

第 <3> 杆⑤过三门得分。

第 <4> 杆⑤撞柱得分。

2. 通过己方球相互配合实施轮次前抢

通过己方球的结组配合，充分利用先手球闪送己方他球过门得分或走位，亦可实施轮次前抢。图 3.23 中，轮及①起杆。①通过撞送⑨过三门得分，再撞送③走位，使③可以擦击⑨奔柱，从而分别撞送⑨和①撞柱且③撞柱。红方在两个击次中，连得 8 分，充分发挥了轮次前抢的威力。

图示：轮及①起杆。

第 <1> 杆①撞击⑨。

第 <2> 杆①闪送⑨过三门得分。

第 <3> 杆①撞击③。

第 <4> 杆①闪送③落位⑨附近。

第 <5> 杆①过三门得分。

第 <6> 杆①续击到中柱旁。

第 <7> 杆③擦击⑨奔中柱。

第 <8> 杆③闪送⑨撞柱。

第 <9> 杆③撞击①。

第 <10> 杆③闪送①撞柱。

第 <11> 杆③撞柱。

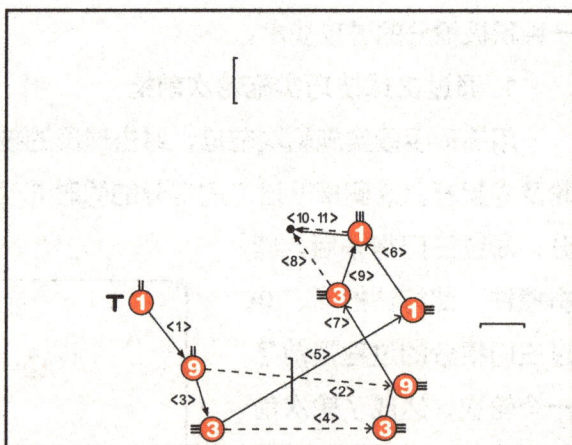

图 3.23　通过己方球相互配合实施轮次前抢

其他球略

3.4　门球高阶技术的战术应用

在门球比赛中，技术是战术运用的根基和保障，而一些难度较高的门球技术在战术应用层面往往有着独特的作用。本节将对比赛中较为常见的远撞击和闪带技术的战术应用加以介绍。

3.4.1　高阶技术的战术应用之远撞击

3.4.1.1　远撞击的定义

在门球比赛中，远撞击一般是指自球与目标球相距 8 米或 8 米以上的成功撞击。

3.4.1.2　远撞击的作用

远撞击是逆转场上不利态势的重要手段之一，一杆成功的远撞击可以使比赛的胜负改变。精彩的远撞击极具观赏性，也让门球比赛变得精彩纷呈，增加了一场比赛胜负的悬念。

远撞击属于搏杀型进攻战术，依赖球员的个人技术，属于高阶技术的战术应用。因击球未果的风险性大，一般不轻易实施。运用远撞击战术多是迫于局势。图 3.24 中，轮及⑥起杆。由于⑦和⑧均在界外，一门留球的⑥此时如不进场一搏，待⑨起杆，白方的②和④十分危险。⑥果断进场，一记远撞击成功，并用①闪带⑨双出界，使得白方马上转危为安，逆转了场上态势。

图示：轮及⑥起杆。

第 <1> 杆⑥进一门进场。

第 <2> 杆⑥远撞击①。

第 <3> 杆⑥用①闪带⑨使之双出界。

远撞击战术具有难以预测、难以防范、威力大等特点，但命中率较低。因此，实施远撞击战术应注意把握以下时机：己方处于劣势且无法进行战术配合；对方威胁己方关键球；比赛临近结束需背水一战；对方球部署过于密集；场上有卡门球，远撞击即使不中也有可能通过球门；为友球接力或自球占位，顺势远攻对方，不中也能实现战术目的。

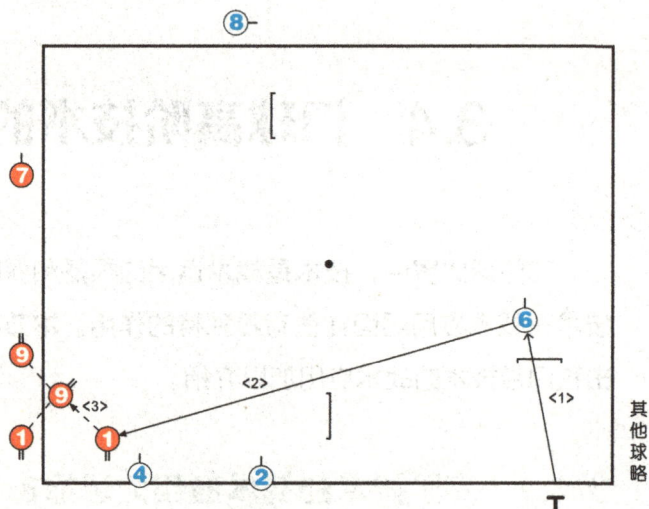

图 3.24　远撞击

3.4.2　高阶技术的战术应用之闪带

3.4.2.1　闪带的定义

闪带是指击球员通过闪击他球使之撞击另一他球，使两个他球一同出界。

3.4.2.2　闪带的作用

闪带威力巨大、战术效益佳，是逆转场上态势，巩固、扩大己方优势的战术，有时一记关键闪带可以决定整场比赛的胜负。运用闪带战术要选准闪带对象，讲究闪带效果，闪带对己方威胁最大的球。当对手有两个连号先手球时，己方球撞击了对方球后，就要分清主次，闪带对己方威胁最大的球。图 3.25 中，轮及④起杆。④撞击③后，用③闪带对己方⑧、⑩威胁最大的⑦出界，而不是闪带对手的临杆球⑤。闪带⑦能确保⑧、⑩的安全，若闪带出⑤，⑤立即进场为⑦接力，⑧、⑩将被打出，白方局势被动。

在运用闪带时，要防止盲目闪带，尽量不要用对手先手球去闪带对手的后手球，防止对手先手球就近进场，接应后手球。图3.26中，距比赛结束还有7分钟，双方比分5：9，白方领先。轮及⑧起杆，⑧撞击⑨，用⑨远闪带①不中，⑨出界，续击到三门二号位。⑨就近进场为①制角。⑩进场压线。①擦击⑨到三门里侧，闪送⑨到二门前，再撞闪②带⑩双出界，接着撞闪④带⑧双出界，续击撞闪⑥出界，白方被清场。最终红方以10：9逆袭取胜。

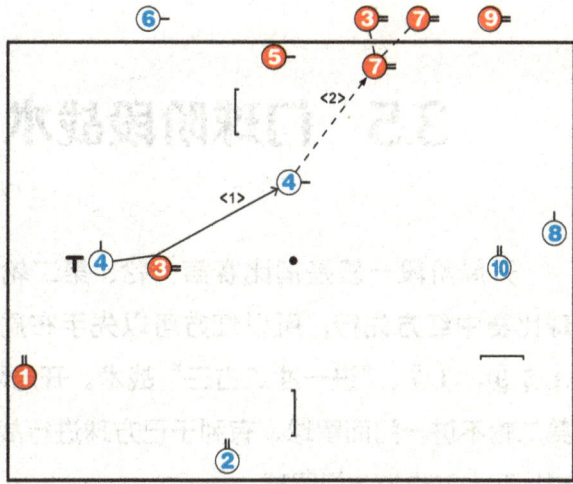

图 3.25　闪带对手关键球

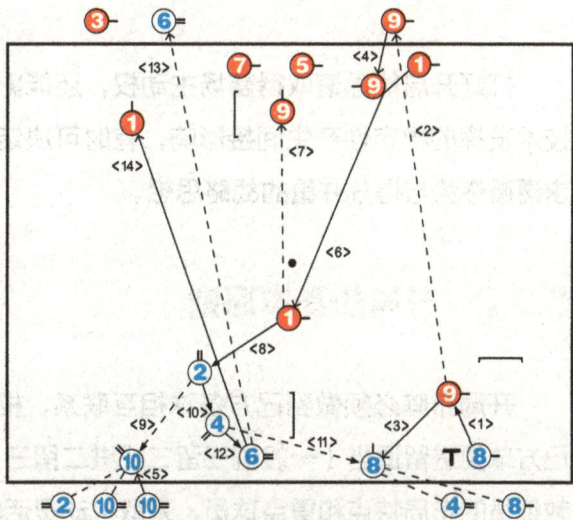

图 3.26　白方⑧用红方失手球⑨闪带后手球①失误
导致己方惨遭清场

此外，闪带不同区域的对方球要注意做到"闪远打近"，即闪带距自球较远的对方球，撞击距自球较近的对方球（或"闪边打内"，即闪带边线附近的球，撞击距边线较远的场内球），充分发挥闪带球的威力，慎重闪带非边线区域的对方球，以免闪带失败留下隐患。

3.5　门球阶段战术之开局战术

开局阶段一般是指比赛第一轮、第二轮，或比赛前 10 分钟，由于门球比赛中红方先行，所以红方可以先手布局。常见的开局战术包括①⑨、①⑤⑨、①⑦、"进一冲二占三"战术。开局阶段双方还有多个球在第一轮、第二轮不进一门而留球，有利于己方球进行战术配合。此种战术部署，在门球比赛中统称为一门留球。

3.5.1　开局的战略思想

打好开局能迅速取得赛场主动权，还能影响到队员的比赛心态，对球员技术发挥的稳定性产生间接影响，有时可决定一场比赛的胜负。开局夺势要求遵循夺势与得分并重的战略思想。

3.5.2　开局的基本原则

开局布阵必须做到己方各球相互联系、相互协作，力争控制球门，五个己方球要进留适当（一般进三留二或进二留三），做到攻守兼备，并针对对方教练员的布局特点和重点球员，采取机动灵活的应对措施。

3.5.3　开局战术之"进一冲二占三"

比赛开始后，①起杆进一门冲二门成功后，占据三门一号位，不论白方各球进留与否，红方其余 4 个球在第一轮全部留球不进。第二轮，①过三门得分后即撞柱抢分离场。此战术运作的优点有二：一是率先取得高分，威慑对手；二是让对手看不出己方战术意图，搅乱对手的攻防体系。但此战术要求 1 号队员个人技术纯熟以确保成功。该战术加快了比赛节奏，使门球比赛更具观赏性，通常被众多门球高手所采用。

3.5.4　开局战术之①⑨战术

3.5.4.1　攻守兼备的战术理念

此战术的理念是首轮①进一门到二门前占位守门，不论白方此后各球是否进场，红方均选择③、⑤、⑦留守，首轮只派⑨进场与①结组互保，伺机攻击白方进场球，占得开局先机。

3.5.4.2　①⑨战术的案例解析

虽然红方首轮都是采取①、⑨两球入场的①⑨战术，但①在二门前的落位点不同，后续的战术演化则会有些许不同。

1. ①进一门到二门一号位占位

图 3.27 中，首轮①进一门后奔二门一号位把守二门，②、③一门留球。④进一门到三门零号位或一号位镇守三门。⑤、⑥、⑦、⑧一门留球，⑨进一门到三线中与①隔门结组。⑩进场接②。

第二轮，①过二门得分后，再擦击二门后的接应球⑨向三门进攻。

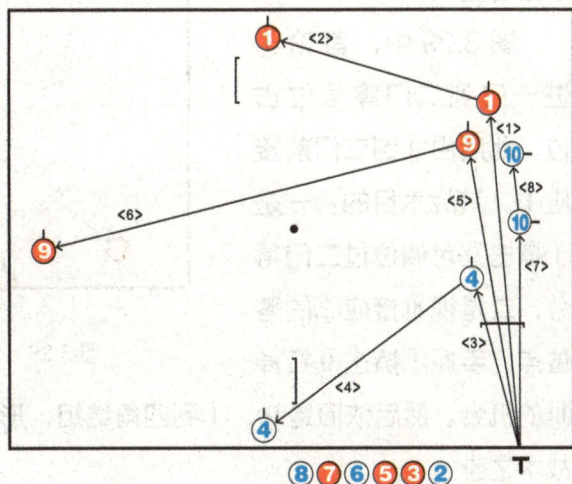

图 3.27　①进一门到二门一号位占位

此战术的特点是先防后攻，稳健当先。由于该战术守中有攻，进场的两个球既能够结组互保，又能够顺势得分，因此受到了各级教练员的推崇。此守门战术被使用多年，依旧备受推崇。

此后，如果红方的攻势进展顺利，图 3.28 中，①擦攻到三门前，打掉④，自球过三门得分后，再打掉⑩（白方首轮让⑩进场），自球到四角四线边与⑨结组，红方便无疑会取得开局优势。

2. ①进一门到二门零号位占位

图 3.29 中，首轮①进一门到二门零号位占位，此后由⑨到二门前接应①。其战术目的：一是①擦击⑨可调位过二门得分；二是视⑩接应②的落位点，手握①擦击⑨打掉

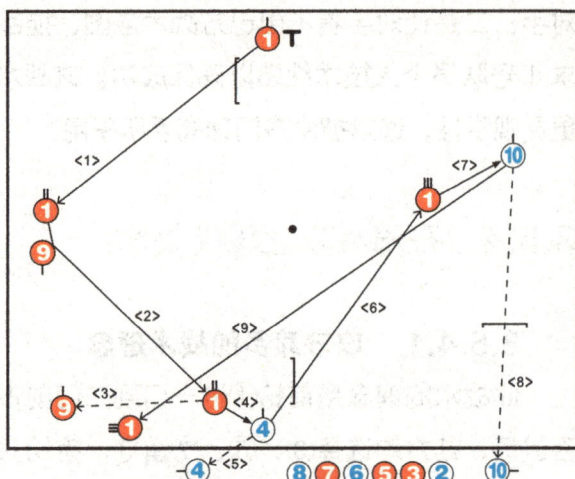

图 3.28　①擦击⑨可调位过二门得分

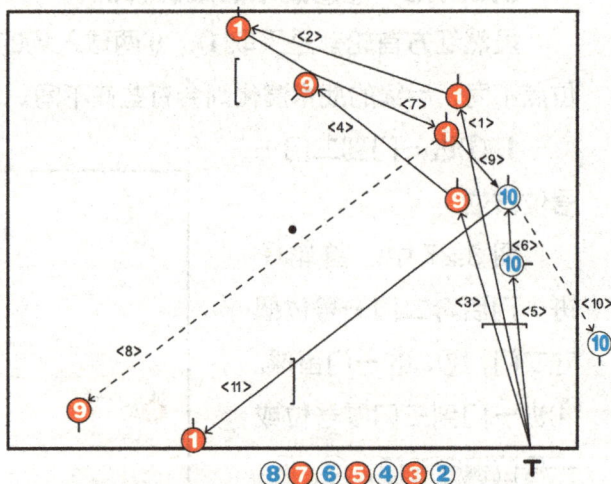

图 3.29　①进一门到二门零号位占位

⑩的机会。然后依旧是⑨、①到四角结组，形成下一轮次可实施派遣王牌球战术之势。

3.5.4.3　①⑨战术的应对方法

门球运动是双方对峙，针对红方的①⑨开局战术，白方该如何应对呢？

由于白方是后攻，所以对红方的各种布阵形式有足够的空间来应对。

1. ⑩②结组破解①⑨战术（①占一号位）

若红方首轮①进一门占据二门一号位。②一门留球。此时，②的战术部署是"留球留组合"，以便第二轮在⑩的接应下，白方可由守转攻的一种后发制人的战术。届时，白方将根据⑩的接应位置和②的准确落位点发动进攻。②的攻击力强，覆盖面广，左可攻三门、四角，右能攻二门。

2. ⑧⑥联手造打先手后发制人（①占零号位）

若首轮①进一门后奔二门零号位占位，白方可选择派⑧进一门（⑦留球不进），这也是"进门抢先手"的积极应对。⑧进场落位于四线边靠近三门附近处。此后，⑨进场接应①（不接的话，①是孤球一个，既不能通过二门得分，又不能远攻⑧）。白方此时⑩要留球不进，使红方①意图擦击⑨进攻⑩的计划落空（没料到⑩一门留球）。

第二轮，①只得擦击⑨调位，闪送⑨到二门一号位（或零号位，此后需⑦进场接应）扼守二门，自球过二门得分后，躲藏在三线中与⑨隔门结组。此后，若②、③、④、⑤再次留球不进，⑥进场接应⑧控制①。⑧在⑥的接应下发动白方的第一波进攻，力争打掉①，再用①带⑨双出界。白方清除红方"一头一尾"后，紧接着可由⑩、②发动第二、第三波进攻。其中，②撞击⑥可实施派送先手球战术，此时红方只能被动挨打，而白方则取得开局优势。

白方这种开局的反制战术是"进门抢先手"的应对措施，符合"进门抢先手、留球留组合"的战术运用原则。白方在最短的时间、最少的轮次里造打出了先手球、王牌球，堪称是白方后发制人战术运用的典范。

3. ⑧⑥战术升级⑧④战术（①占零号位）

由于上述"⑧⑥战术"使白方能获得非常好的战术效益和开局优势，其便很快被门球运动爱好者改良，改进的方式是派④接应⑧（按照轮击顺序，④先于⑥进场，即④比⑥快一个球）。具体演示如下：首轮①进一门，续击到二门零号位占位。②、③、④、⑤、⑥、⑦若均一门留球，⑧进一门，续击到四线边。⑨进一门后，奔二门前接应①。⑩一门留球。

第二轮如图 3.30 所示。①撞送⑨到二门一号位（或撞送⑨到二门零号位待⑦来接应），自球过二门得分后，续击到三线中与⑨隔门结组。②、③继续留球。此时，④进一门，续击接应⑧控制①。⑤、⑥、⑦继续留球。⑧擦击④靠近①，闪送④到轨道线 10 米左右处接应

图 3.30　⑧④战术

待进一门的⑩。而后⑧可有三种选择：一是好打的话，撞击①带⑨；二是与①双出界；三是若前两种方式较难操作，便可到三门零号位躲避。此后红方①、⑨若"牵手"成功，轮及⑩起杆时，白方仍可根据场上态势灵活选择是否进场。进，要有攻；不进，④便留给②。待②进一门得分后，撞送④，实施派打先手球战术。此时，红方③尚未进一门，场上红方进场球失去了③的保护，便会处于不利境地。

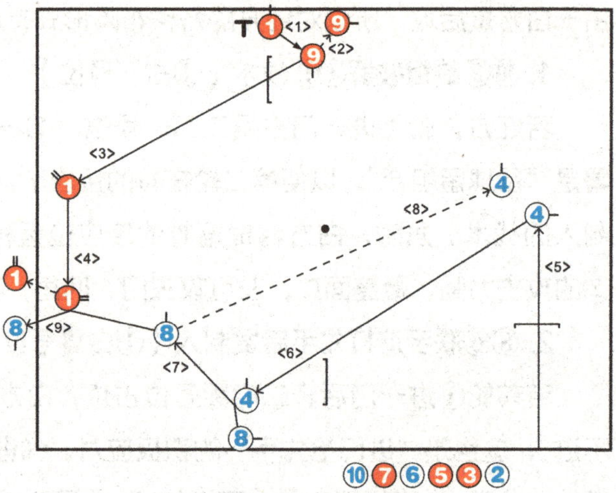

4. ⑩"以一搏二"发动远攻（①占零号位）

图 3.31 中，①进一门后，奔二门零号位占位。②、③、④、⑤、⑥、⑦若均一门留球，⑧进一门，续击到四线边三门附近。⑨进一门得分后，奔二门前接应①。若⑨接应①时形成错位或眼镜球，此后

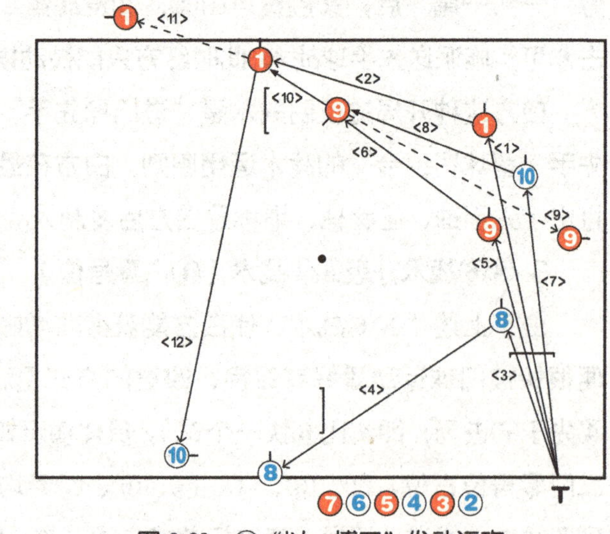

图 3.31　⑩"以一搏二"发动远攻

白方⑩可实施反常规战术，对①、⑨发起远程攻击。若成功则可将⑨"借给"②使用，闪①从二线下腰处出界，自球续击到四线边与⑧结组（若能过二门得分后再去与⑧结组，效果更好）。

第二轮，①进场为防止②打⑨的带球攻击，只得远离。②进一门，撞闪⑨出界后，白方便取得开局优势。

5. 四球倾巢而出火拼①⑨（①占零号位）

此战术是白方的④、⑧边线战术，即白方在四线边实施擦边奔袭或派遣先手球的战术。第一轮，①占据二门零号位。②、③一门留球，④占据三门一号位。⑤、⑥、⑦一门留球。⑧进一门去四线边找④。⑨进一门接①。⑩进一门后，续击自球在一门后轨道线上接应待进一门的②。

图 3.32 中，第二轮，①撞击⑨调位，闪送⑨到二门一号位（或零号位），①过二门得分后，因受④打送⑧的威胁，既不能与⑨隔门结组，又不能去四角区域，只能去三角区域。②进一门得分后，擦击⑩奔二门，闪送⑩接应④。

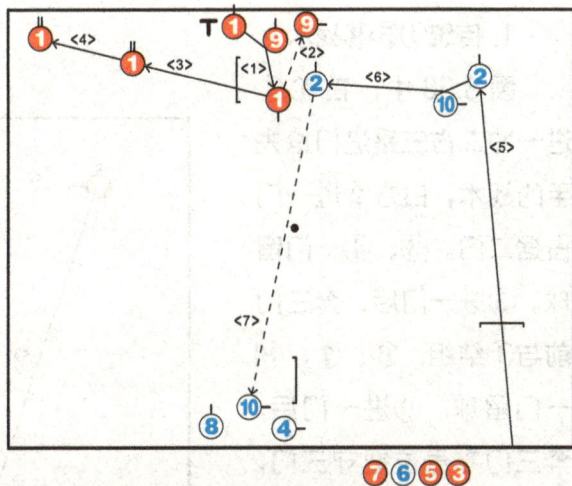

图 3.32　四球倾巢而出火拼①⑨

根据②的落位点，②既可选择与⑨双出界，也可过二门得分后打出①。若成功，白方可⑧派送⑩形成派遣王牌球战术之势。

白方采用上述战术，即便红方⑤第一轮进一门，白方⑧仍找④，下一轮④撞送⑧接⑥，形成⑥进一门后撞送⑧，同样可以实施派遣先手球战术，从而开局占优。

3.5.5 开局战术之①⑤⑨战术

3.5.5.1 "进三留二造打先手"的战术理念

此战术对红方 1 号队员的技术能力有一定的要求，首轮①需"进一冲二占三"，这是进门抢先手的战术，也是运用①⑤⑨战术的根基。红方运用此战术故意空出二门要塞，诱使白方②进一门占据二门。此后红方再陆续让⑤和⑨首轮进场，与①在三门前相互配合，从而可率先发起主动攻击，在第二轮实施派遣先手球战术攻击白方。

3.5.5.2 ①⑤⑨战术的案例解析

1. 传统①⑤⑨战术

图 3.33 中，首轮①进一冲二占三是进门抢先手的战术，白方②进一门占据二门。③、④一门留球。⑤进一门后，奔三门前与①结组。⑥、⑦、⑧一门留球。⑨进一门后，奔三门零号位把守三门，⑩进一门后，奔二门前接应②。

第二轮，图 3.34 中，①撞闪⑤接应待进一门的

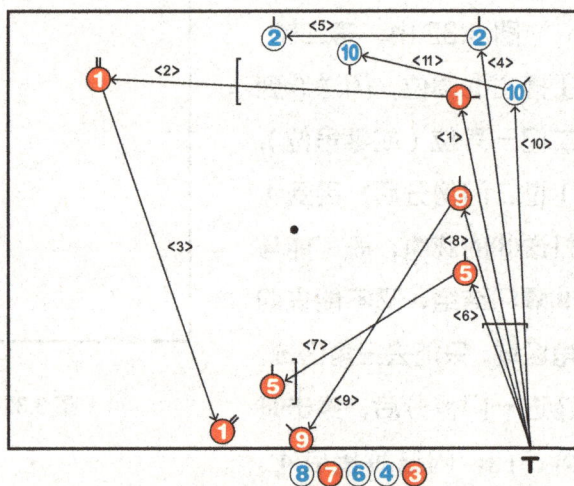

图 3.33　传统①⑤⑨战术

③（需避开②擦击⑩的进攻），自球过三门得分后，视距离和个人技术能力选择是否撞柱得分。如无把握，①可到三门前与⑨结组。待③进一门撞送⑤，实施派遣先手球战术。此时，自球可视场上白方⑩、②的走向，选择易于攻击的目标。若打掉⑩，红方可形成⑨派遣王牌球①；若打掉②，下一轮则红

方可形成①派遣王牌球③。两者均可夺得开局优势，因此，①⑤⑨战术曾一度备受推崇。

2.升级版①⑤⑨战术

①⑤⑨战术由于首轮进场球较多，容易遭到白方反击。但经过门球运动爱好者改良后的升级版①⑤⑨战术，与传统①⑤⑨战术大相径庭。其

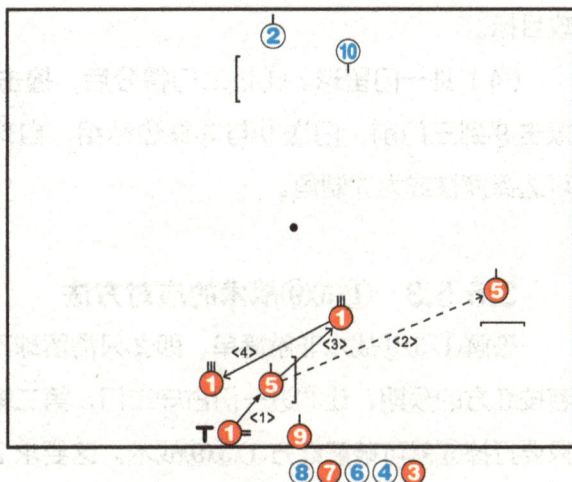

图 3.34 ①撞闪⑤接应待进一门的③

具体运作如下。首轮①进一门到二门一号位把守二门。②、③、④一门留球。⑤进一门得分后，续击到三线中与①隔门结组。不论白方⑥、⑧是否进场把守三门，⑨进一门，续击到三线中靠近⑤。⑩是否进一门接应待进一门的②，红方并不在意，其采用"以我为主"的战术打法，可产生以下多种结果。

（1）⑩进一门，续击到轨道线 13 米处接应待进一门的②。第二轮①过二门得分后，通过撞击⑤调位，闪送⑤落位一门口，自球再擦击⑨到三门前，闪送⑨落位四线中，自球过三门得分后，续击撞柱。②进一门，擦击⑩奔二门前，闪送⑩落位二门零号位，自球过二门得分后，续击落位三线边。此时，③进一门得分后，撞送⑤，便可形成派送先手球之势。

（2）⑩进一门到轨道线 12 米处接应待进一门的②。①过二门得分后，撞击⑤调位，闪送⑤到四线腰（此时接应③风险很大，要防②打回头），再擦击⑨到三门一号位，闪送⑨到四线边与⑤结组。然后，一是自球过三门得分后，打掉⑩，续击为⑤制角，让⑤为其撞柱；二是擦击⑨到三门前，由于落位点不好，过三门得分后不能攻击⑩，可以选择撞柱或者为⑤制角，让⑤为其撞柱。

（3）如果白方选择⑥或⑧前往三门守门，就会成为①过二门得分后的进

攻目标。

（4）⑩一门留球。①过二门得分后，撞击⑤调位，闪送⑤到四线腰，再擦击⑨到三门前，闪送⑨与⑤靠边结组，自球过三门得分后，视距离远近，可选择撞柱或为⑤制角。

3.5.5.3 ①⑤⑨战术的应对方法

破解①⑤⑨战术非常简单，即②只需留球不进，便可以轻易化解。但白方若按红方的预期，让②进一门占守二门，第二轮就要将进攻目标指向⑤，白方只要打掉⑤就可破解红方①⑤⑨战术。这要求 2 号队员具备很强的个人能力。

3.6　门球阶段战术之中局战术

中局阶段一般是指比赛的第三轮到第四轮，或比赛中的第 10～20 分钟，以控制场上形势、争夺赛场主动权为主。此前介绍的派遣球、双杆球、王牌球、远撞击、控制战术等都可依势而用。中局战术的要点可概括为：遵循应变原则，处理好进攻与防守、得分与得势的关系，掌握重点人、重点球、重点区域。

3.6.1　遵循应变原则

中局战术运作的主要依据是场上战局的变化。图 3.35 中，比赛进行到第 3 轮，⑨、⑩尚未进一门，轮及⑦起杆，⑦过二门得分后，再撞送⑤接应待进一门的⑨，自球落位边线附近。⑧撞送④靠近一门接应待进一门的⑩，自球续击到一角与②结组。

面对白方⑧送④接⑩的布局，红方教练员立即应变调整战术，舍弃轨道线上的⑤，⑨轻进一门，擦击④奔一角，用④闪带⑥双出界，再撞闪⑧带②

双出界，续击自球奔三线找⑦。⑩进一门后，虽然打掉⑤、①两球，但孤立无援，无法改变被动局面。

此例中，白方看到⑤接应⑨，果断闪送④接应⑩。红方如按原定方案，⑨通过⑤调位过二门，虽能得分，但因③处界外，⑩只要闪送④和②，后续场上局势将完全处于白方

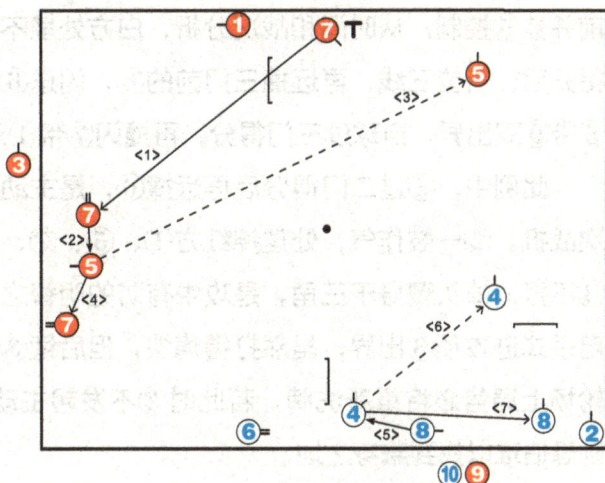

图 3.35 白方布局④接⑩

的掌控之中。红方能化险为夷就在于根据战局变化迅速调整战术方案。由此可见，中局阶段的战术运用据势而变的重要性，应变是不二的法则。

3.6.2 处理好进攻与防守、得分与得势的关系

比赛中，占有优势的一方要想在中局阶段继续保持优势，需要不断地组织进攻，扩大优势。但需审时度势，做到攻防有度、攻中有守、守中带攻。

图 3.36 所示比赛距结束还有 12 分钟，双方比分 7：7。此时白方④、⑧、⑩三球处界外，②在二门一号位，⑥远在三门

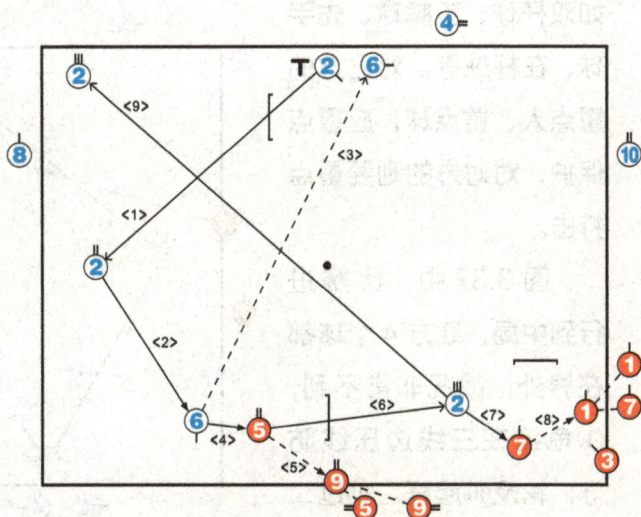

图 3.36 ②攻中有防

前并被⑤控制。从时间和战况分析，白方处境不妙。轮及②起杆，②过二门得分后，落位三线，再远撞三门前的⑥，闪送⑥到二门一号位，再通过撞闪⑤带⑨双出界，自球过三门得分，再撞闪⑦带①双出界，自球到三角处隐藏。

此例中，②过二门得分后再远撞⑥，是主动进攻的表现，也是白方的一次战机。②一鼓作气，处理掉红方①、⑤、⑦、⑨四球，而后，面对一角的③不打，掉头藏身于三角，是攻中有防的明智之举。倘若②一味蛮干，采用自杀式进攻顶③出界，虽然打得痛快，但后续③进场，将成为先手球，下一轮场上局势必将重新洗牌。若此时②不发起主动进攻，而选择过门后躲避，则恐怕难以找到藏身之地。

得分与得势是互为依存的关系，得势最终为了得分，只有得势才能得分。中局阶段，得势应是重点。

3.6.3 掌握重点：重点人、重点球、重点区域

3.6.3.1 重点人与重点球

重点人是指球技过人、经验丰富的高手；重点球是指门球场上的关键球，如双杆球、王牌球、先手球、在杆球等。对己方的重点人、重点球，应重点保护，对对方的则要重点打击。

图 3.37 中，比赛进行到中局，红方 4 个球都在界外，战况非常不利，①龟缩在三线边压线防守。轮及⑩起杆。⑩过二门得分后，落位在①前 2

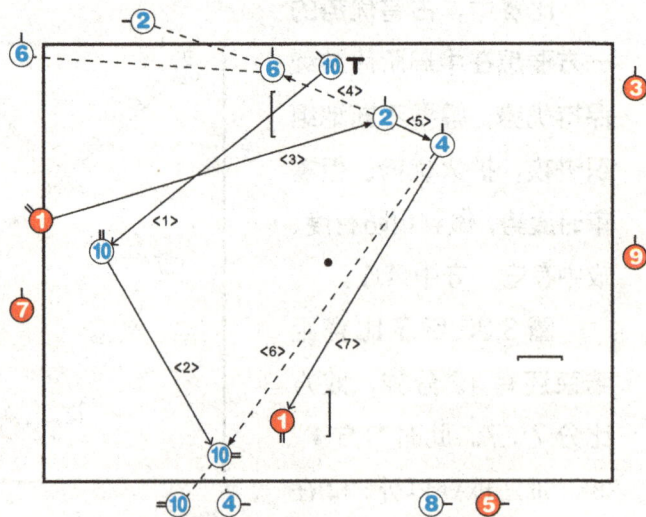

图 3.37　忽视重点球惨遭逆转

米处，10 号击球员询问教练员：打不打①？白方教练员一方面认为①无论攻击己方哪个球，距离都在 10 米以上，难有作为；另一方面认为即使舍弃二门附近己方的 3 个球，⑩下一轮也是先手球，红方还是无力扭转颓势，便示意击球员放过①打一杆。然而，白方教练员却忽视了致命的一点：1 号球员是一位久经杀场的超级高手。白方的细小疏漏让 1 号球员有了施展拳脚的机会，只见①一记远撞击成功命中②，再用②闪带⑥双出界，①再撞闪④，带⑩双出界，本来完全占据优势的白方，正是因为忽视了重点人、重点球，最终惨遭逆转。

3.6.3.2 重点区域

重点区域一般是指场内二门或三门附近的位置，是双方争夺的关键位置。当己方球多数未通过二门时，二门应该是争夺的重点区域；当己方球多数通过了二门时，则重点区域应是三门。

图 3.38 中，双方分别占据三门和二门的战略位置，从比赛时间和得分情况分析，红方明显占优。只要红方牢控三门，白方想过三门恐怕很难。然而，③过三门后，教练员让③撞送⑤到二角，拱手将三门重点区域让给对手（白方有④送⑥、⑧、⑩到三门口）。红方只想到⑤要过二门，结果为得 1 分而失去战略要地，最终导致失利。

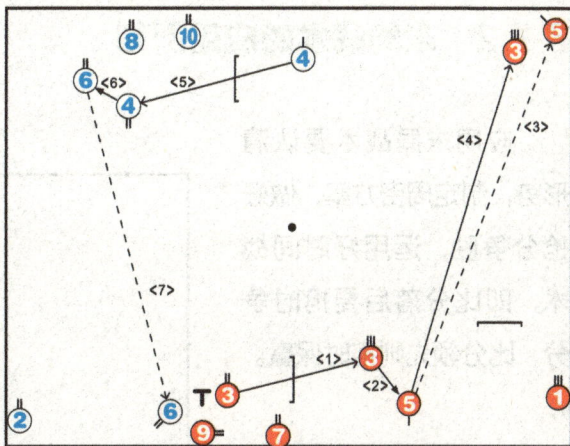

图 3.38 红方先手球弃守三门导致失利

3.7 门球阶段战术之末局战术

末局阶段一般是指比赛的最后 10 分钟，或最后一轮，是比赛抢分决胜的关键阶段。末局战术一般以尽量博取高分的抢分争胜和时间战术为主。

3.7.1 末局战术的战略目的

"末局争分保赢"六个字，精辟概括了末局阶段的战略目的。门球比赛只有得分多于对方才能取胜，但能否得分不仅取决于场上形势，还要看战术配合、时间掌握和得分手段的运用，以及队员的技术发挥。此外，末局阶段不能因只顾己方得分，而忽视抑制对手得分。

3.7.2 末局战术的应用原则

应用末局战术要认清形势，制定周密方案，做好抢分争胜，运用好时间战术，即比分落后要抢时争分，比分领先则拖时保赢。

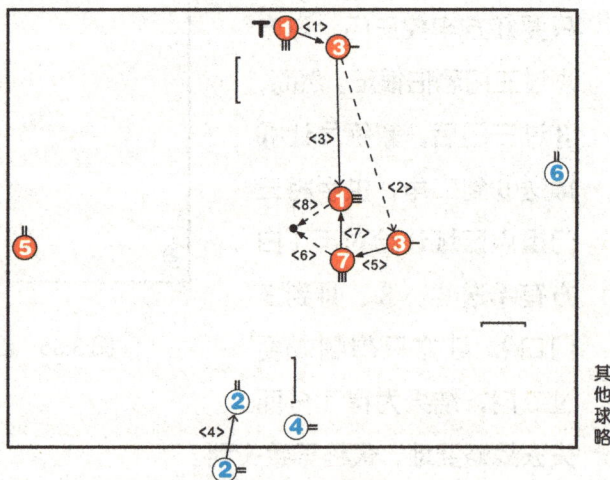

3.7.2.1 抢分争胜

图 3.39 中，轮及①起杆。①撞击③，不选择闪送③过二门得分，而是闪送③到中柱旁边的⑦后，

图 3.39 抢分争胜

①续击靠近中柱。②进场接应④。③分别撞送⑦、①撞柱。红方弃③过二门的1分而抢得4分。红方通过"弃少要多",利用先手球闪送己方多球撞柱,实现了抢分争胜。

擦撞5分球。图3.40中(图片仅展示战术图局部),比赛时间所剩不多,且白方落后红方4分,轮到已过三门的④起杆。④利用擦球技术,通过擦击②奔中柱,同时将②撞顶过三门得分,再闪送②撞柱,自球撞柱。④最后一击次便可得到5分。

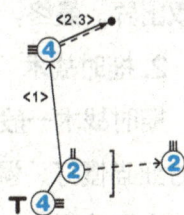

上述"擦撞5分球"的打法,在比赛中机会较多,只要如此例②落位适当,可形成擦撞角度,便可采用,具有简单易行的特点。

图3.40 擦撞5分球

3.7.2.2 时间战术

时间战术是门球诸多战术中极为重要的战术,尤其在末局阶段,严格掌握比赛时间十分重要,最后5分钟必须以秒计算,教练员要对每一杆球所占用的时间都做到心中有数。优势队要拖时消耗比赛时间,而劣势队则要抢时间。

1. 抢时战术

图3.41所示比赛距结束仅剩3分钟,双方比分9:13,白方领先。轮及⑦起杆。按场上态势,红方必须有4个球过三门得分,才能战胜对方。要达到上述目的,必须尽快抢时,确保③起杆。具体打法如下。⑦撞送⑨落位⑩、②处,自球奔三门前。

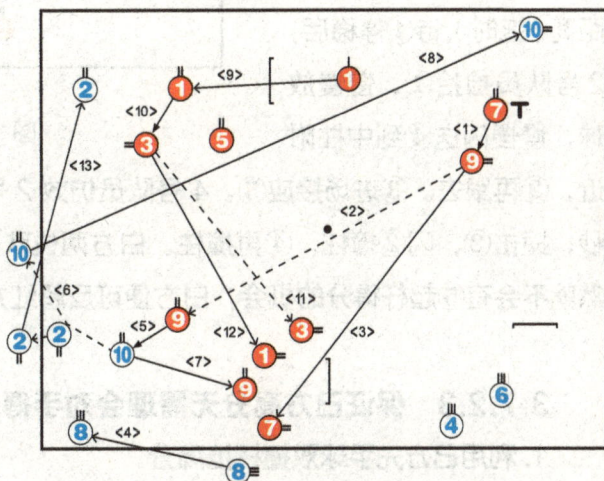

图3.41 抢时战术

⑧进场到四角。⑨撞闪⑩带②双出界，续击自球到三门前。⑩从四角进场到二角（拖延时间）。①过二门得分后，再撞送③到三门前，①没有撞击⑤（节省时间）直接到三门前。②拖时进场到二门后。③撞送①过三门得分，比赛时间到。此后，③分别撞送⑦、⑨过三门得分，自球过三门得分后，续击与④双出界。最终，红方以 14：13 获胜。

2. 拖时战术

拖时战术一般是在己方领先时，比赛时间即将结束的情况下，通过己方击球时细瞄慢打、慢远结合、"场内搬家"（己方球反复撞闪传递）等方式，消耗掉比赛的剩余时间，不让对方关键球、得分球起杆而确保己方胜利的战术。

图 3.42 所示比赛距结束仅剩 1 分钟，白方落后红方 3 分，轮及②起杆，只要②、④双撞柱，又不让红方⑤起杆，则白方必胜。故白方②仔细瞄准、缓慢起杆（用够 10 秒）撞击④，并让④移动一定距离（拖时），待④停稳后，2 号队员捡拾④、慢慢放球，慢慢闪送④到中柱附

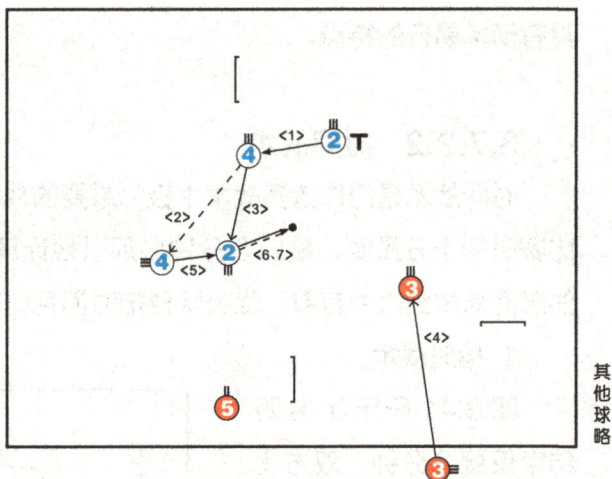

图 3.42 拖时战术

近，②再跟去。③进场接应⑤。4 号队员仿效 2 号队员的打法，每杆用足 10 秒，撞击②，闪②撞柱，④再撞柱。白方两位队员击球用时超过 1 分钟，自然就不会有⑤起杆得分的机会，白方便可反超红方 1 分获胜。

3.7.2.3 保证己方高分无需理会对手得分

1. 利用己方先手球双撞柱抢高分

图 3.43 中，轮及⑤起杆。在比赛时间所剩无几的情况下，⑤过三门得分后，

不要靠近中柱，以防⑥过二门得分后，遭到⑥的攻击。此时⑤要去找己方下号球⑦。无需理会⑥过二门得到 1 分，因为待⑥落杆后，⑦可分别撞送⑨、⑤靠近中柱，并打出⑧（若⑧在界外，⑨即是王牌球），便可确保⑨撞送⑤撞柱，自球撞柱，实现双球撞柱再得 4 分。这是利用先手

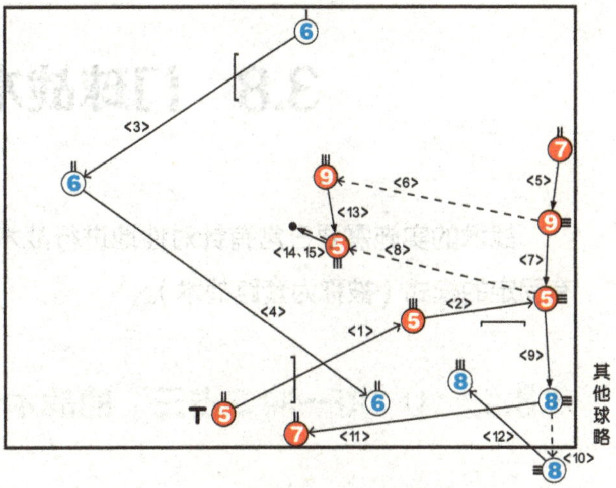

图 3.43　利用己方先手球双撞柱抢高分

球（或王牌球）的有利条件，确保己方球撞柱得分的打法，在比赛中运用较多，成功率较高，实效好。

2. 弃门奔柱，闪送己方球撞柱

图 3.44 中，中柱附近有己方已过三门的⑥，④在三门前待过三门，三门前有已过三门的②接应。若④正撞击②，④可稳过三门得 1 分，但闪送②撞柱、自球撞柱的难度大。比赛时间所剩无几，⑥虽有起杆机会，但有可能被对手过二门的⑤打掉。这时，④无需理会⑤后续会过二门得分，④也不要过三门贪图 1 分，而应擦击②奔中柱，闪送②撞柱，再撞送⑥撞柱。白方舍 1 分而得 4 分，保证己方夺取高分即可。

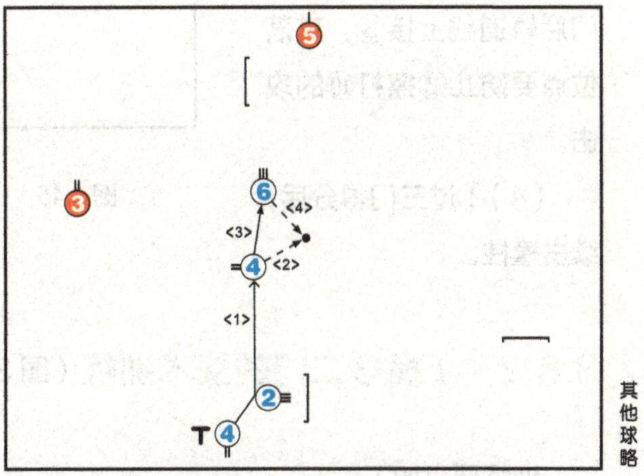

图 3.44　弃门奔柱，闪送己方球撞柱

3.8　门球战术训练

战术的实施需要日常有针对性地进行战术目标训练，一般在开局阶段会有固定的模式（被称为套路战术）。

3.8.1　①"进一冲二占三"的战术训练（图3.45）

训练要求如下。

（1）①成功进一门，再远冲过二门，续击到三门前5米左右四线边占位。

（2）⑤进一门后，奔三门一号位接应①。

（3）①撞送⑤到一门后轨道线上接③，其落位点要防止②擦打⑩的攻击。

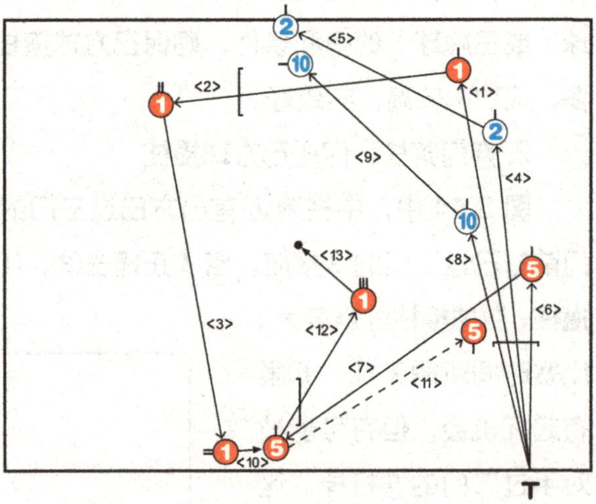

图3.45　"进一冲二占三"的战术训练

（4）①过三门得分后，续击撞柱。

3.8.2　①扼守二门的战术训练（图3.46）

训练要求如下。

（1）①进一门后，奔二门一号位距二线10厘米处占位。

（2）⑨进一门后，到三线中与①隔门结组。

（3）第二轮，①过二门得分后，擦打⑨，可以选择奔向两个不同的目标：一是攻击第一接应区的⑩，二是攻击三门占位的④。

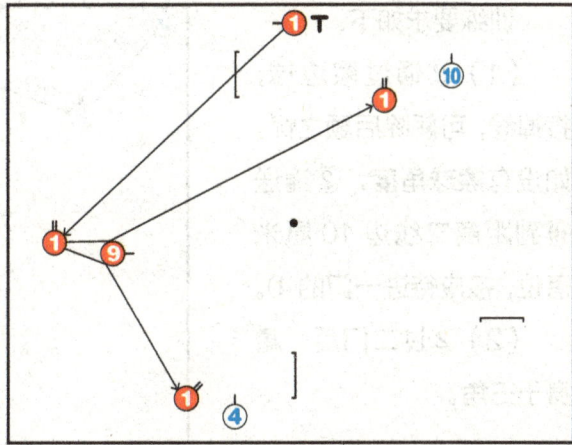

图 3.46　扼守二门的战术训练

3.8.3　②一门留球战术训练（图 3.47）

训练要求如下。

（1）②成功进一门，落位到能够擦击⑩的位置。

（2）②擦击⑩落位二门口，闪送⑩靠近①。

（3）②撞闪⑨从四角出界。

（4）②过二门后，靠近⑩。

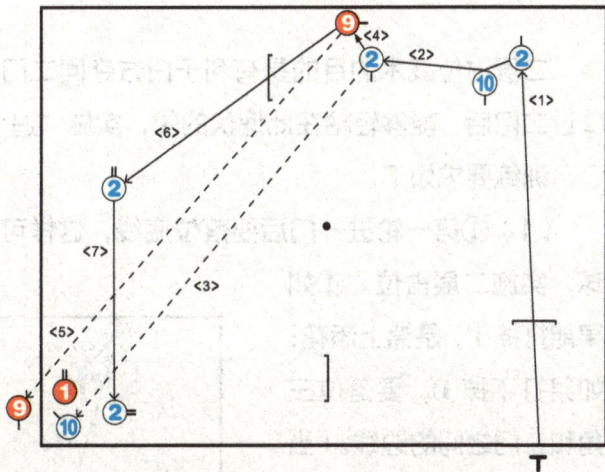

图 3.47　一门留球战术训练

3.8.4　②反控制战术训练（图 3.48）

这是针对①"进一冲二占三"战术而设计的战术预案。红方的战术布局是待②打完后，③进一门，撞送轨道上的⑤控制二门或"追杀"白方的⑩、②。

训练要求如下。

（1）②通过擦边球，打掉⑤，可解除后顾之忧。如没有擦球角度，②撞送⑩到距离二线边 10 厘米落位，接应待进一门的④。

（2）②过二门后，藏身于三角。

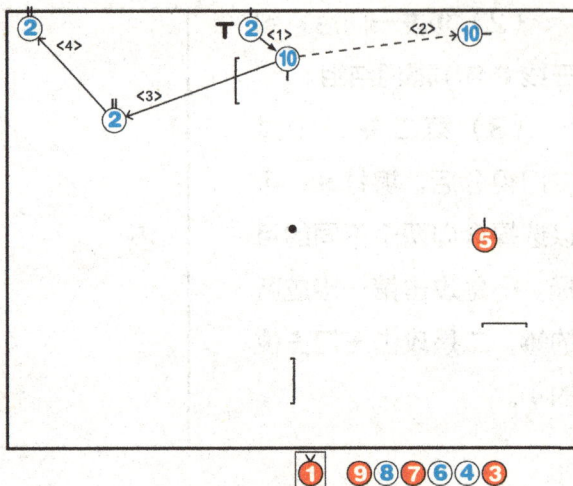

图 3.48　反控制战术训练

3.8.5　白方二层占位的战术训练（图 3.49）

二层占位战术的目的是有利于白方夺回二门的控制权，而精髓是第二轮②过二门后，能够轻粘在此埋伏的④，实施"追杀"红方球。

训练要求如下。

（1）④第一轮进一门后要落位底线，这样可结合攻击一号位的红方守门球，实施二层占位。④如果能打掉①，是锦上添花；如果打不掉①，要落位三角和二门之间的边线。（当然④也可不攻击①而直接去二层占位。）

（2）②第二轮要打出效果：擦击⑩到二门口，闪送⑩占二门零号位，②过二门，轻粘边线④，闪送④"追杀"四角的红方球。

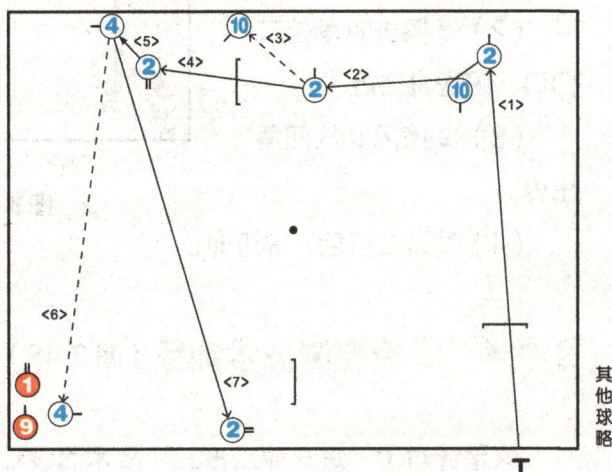

图 3.49　白方二层占位的战术训练

其他球略

126

第四章

门球裁判与规则

4.1 门球裁判员的职责和素质

裁判工作是门球比赛的重要组成部分。裁判员是门球赛场上不可或缺的组成人员。裁判员水平的高低，直接影响比赛的顺利进行和运动队技术水平的发挥。

多年来，我国的门球裁判员已经成为世界门球赛场上一道靓丽的风景线。他们热爱门球、乐于奉献、执裁准确、动作规范，在赛场上充满了活力，在世界门球赛场上展现了中国门球的风采。

很多门球裁判员打球、执教、执裁样样精通，因为这些技能本来就是相通的，可相互促进。我们在学习了门球基本技术和战术后，有必要学习基本的裁判工作和规则判罚，以全面了解门球运动和门球比赛。

4.1.1 裁判员的素质要求

门球裁判员需要坚持服务为本，并具备全面的个人素质，在执裁过程中认真履行"八字方针"——严肃、认真、公正、准确。其个人素质具体要求如下。

端正的人品。裁判员是比赛场上的法官。合格的门球裁判员，要具有良好的品质、较强的组织观念和严格的纪律性，光明磊落，秉公执法，自觉遵守赛会的各种规章制度。

健康的体魄。门球比赛 30 分钟内，场上的裁判员都是在跑动中移位的。击球员击出球后，裁判员要跟着球跑动，撞击、过门、出界球必须要跟球到位仔细观察，对体力要求较高。所以在等级裁判员考试中，裁判员必须要通过体能考试。

良好的心理素质。无论比赛多么激烈，情况多么复杂，遇到的问题多么难处理，裁判员都要保持稳定的情绪、高度集中的注意力、坚强的意志，不受任何干扰，临场执裁时果断、冷静。

精通规则与裁判法。作为基本的业务能力要求，裁判员应精通《门球竞赛规则与裁判法》，不仅要熟读条文，还要深入理解判罚的精神，并能把规则的精神运用到实际比赛中；裁判员还要懂得门球技术和战术，避免错判、漏判。

4.1.2　比赛中裁判员的基本职责

门球赛场上有主裁判员、副裁判员、记录员和司线员（根据情况也可以不设司线员）四个裁判员。四个人只有分工不同，没有大小之分。比赛中四个裁判员在各负其责的前提下互相配合，共同完成执裁任务。在大型比赛中，由于裁判员担任的执裁任务比较繁重，体力消耗较大，一般是四个角色轮流担任。这就要求裁判员能扮演四种角色。

4.1.2.1　主裁判员的工作

主裁判员是一场比赛执裁工作的主要负责人，需要做好如下工作。

赛前：主持掷币选攻，审阅双方上场名单，集合双方队员列队，对两队赛前宣讲（介绍裁判员、提醒比赛注意事项、引导两队相互致意），引领队员入场。

比赛中：宣布比赛开始和比赛结束，呼号，决定和宣布暂停、中止及恢复比赛、取消比赛资格，对犯规、违反体育道德的行为给予处罚和宣判等。

赛后：审核比赛记录表并签字，引导双方队长在比赛记录表上确认签字，集合双方队员在比赛区外列队，并宣布比赛成绩。

4.1.2.2　副裁判员的工作

除了裁判法赋予主裁判员的专属职责，副裁判员与主裁判员的其他职责是一样的。当主裁判员因故不能履行其职责时，副裁判员可代为行使。

比赛开始后，除了必须由主裁判员履行的职责，场上两个裁判员相互配合，共同完成执裁任务，副裁判员有寻找下一号队员位置的义务，但无须提示，只是提前跑向下一号球即可。

4.1.2.3 记录员的工作

记录员是不进入比赛区域内的裁判员，其主要职责就是填写比赛记录表和办理替换手续。门球比赛一般在场边设有公示比分的记分牌，由双方队伍指定的人为对方队伍翻记分牌。作为比赛最终记录的依据是记录员手里的这张比赛记录表（图 4.1）。记录员不仅要记录每球得分，还要记录双杆球、犯规、替换等一切比赛过程的细节。

比赛结束后，记录员将比赛记录表与记分牌核对后，交由副裁判员、主裁判员签字，并由双方队长签字确认比赛成绩。

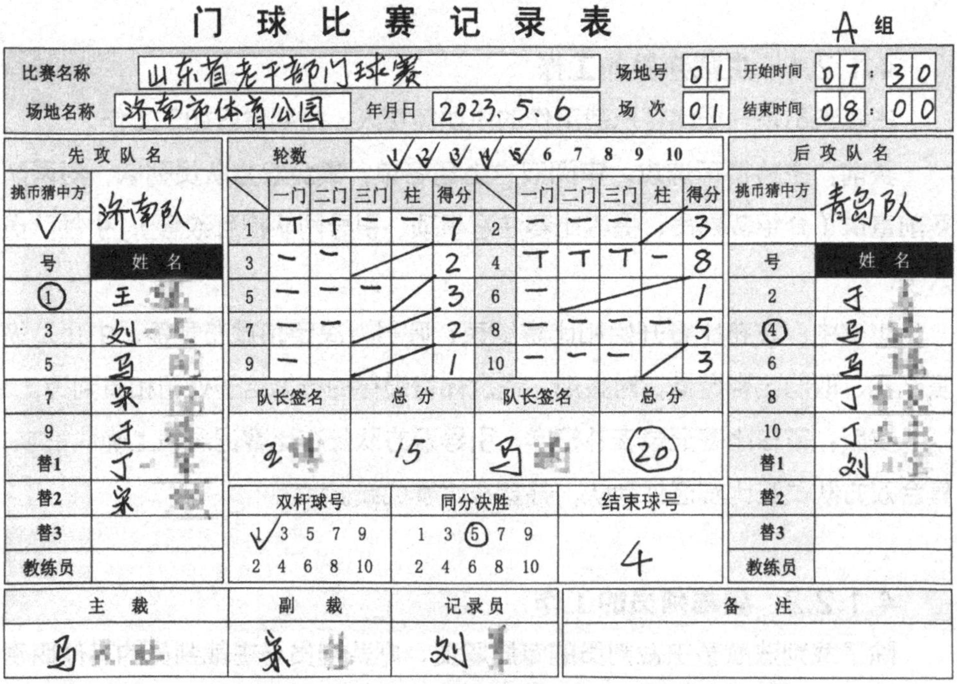

图 4.1 比赛记录表

4.1.2.4　司线员的工作

司线员也是不进入比赛区域内的裁判员，其工作主要有两项：一是判定和宣布球出界并做处理，二是对违反体育道德的行为提出警告。

4.2　门球规则与执裁的基本概念

门球规则是门球比赛的基本准则，更是裁判员执裁的依据。

在门球规则与裁判法中，有很多特有概念的知识点，我们在学习这些知识点的时候，要在头脑中形成明确的认知，这样才能指导我们今后的门球学习和实践。

4.2.1　比赛开始和比赛结束

比赛开始。比赛开始包括两部分内容，即赛前准备和比赛进行。

（1）赛前准备：以掷币方式选择先攻或后攻；填写击球顺序名单（包括队名、上场队员、替补队员，以及队长、教练员）并由裁判员核实；裁判员检查球槌、着装和号码标志；双方上场队员按击球顺序列队。

（2）比赛进行：先攻方使用红球，后攻方使用白球；主裁判员按 1～10 的击球顺序呼号，比赛按 1～10 球号顺序依次交替击球，直到比赛结束。

比赛结束。比赛时间到，不等于比赛结束，还需要了解以下情况。

（1）比赛时间到，先攻方（红方）击球员正在击球，则在下一号后攻方（白方）击球员完成击球后，比赛结束。

（2）比赛时间到，后攻方（白方）击球员正在击球，则在其完成击球后，比赛结束。

（3）当裁判员呼号与时间终了同步时，呼号有效，需要等被呼号的球击打完成，符合（1）或（2）情况时，比赛结束。

（4）由主裁判员宣布"比赛结束"。

（5）全队每个球得分相加的总分为判定是否获胜的标准。

（6）两队总分相等时需要平分决胜，通过一对一"发点球"分别通过一门、二门或抽签决定胜负。国际门球规则的平分决胜方法与足球相似，只进一门。

五轮制比赛。门球比赛在老年康乐赛事中还有一种五轮制的打法，就是不限制比赛的时间，双方打满五轮比赛即结束。比分相同时，还可使用平分决胜的方法。

4.2.2　击球员和击球权

门球比赛虽然是两队竞技，但比赛时，场内只有一个人在击球，这个人就是击球员，他在场上击球的权利称为击球权。

击球员：裁判员呼号后，佩戴相应球号，上场击球的队员。

击球权：击球的权利和请求裁判员确认的权利。

（1）击球员上场后，享有一次击打自球的权利。

（2）当自球撞击到他球，或成功进一门、过二门、过三门，且停在界内，获得一次续击权。

（3）当自球成功通过二门、三门并撞击到门前或门后的他球时，且自球、被撞击的他球均停在界内并完成对被撞击球的闪击后，获得一次双杆球的机会，即两次续击权。

（4）当自球出界、撞击中柱成功，或自球停止时，击球权宣告结束。

（5）击球员在击球的过程中有权利请求裁判员确认：球与球是否接触，停在球门线上的球是门前球还是门后球，闪击时所放的他球是否与球门线或中柱接触，成功撞击的球号，成功过门的球号。

4.2.3　场内球和场外球

每场比赛的 10 个球可以用场内球和场外球来区分。

场内球：顺利进入一门，且还未撞柱的球称为场内球，可击打、闪击他球、过门撞柱得分、送球到位发动进攻。如果场内球主动或被动出了边线，则由裁判员放置在出界点边线外 10 厘米处，待下一轮击球进入比赛区域内。

场外球：未进一门的球及已经撞柱成功，等待下一轮进一门的球。场外球没有权利击打他球，只能待裁判员呼号后进一门，并有权利选择进场的时机；但场外球也不会受到对方的攻击，可用于保存己方实力。

4.2.4　界内球和界外球

比赛时，场内球可分为界内球和界外球。

界内球：成功通过一门后仍停在场内，或从边线外被击打到比赛区域内的球（包括压线球）。界内球可击打、闪击他球、过门撞柱得分、送球到位发动进攻。

界外球：由于出界或犯规而被裁判员放到出界点或犯规处的边线外 10 厘米处的球。

（1）判定：球的整体投影在比赛场地的边线外时，判定为出界。

（2）处置：由裁判员摆放在出界点边线外 10 厘米处，或距离犯规地点最近的边线外 10 厘米处；当该球对其他界内球产生妨碍站位、妨碍挥杆、妨碍击球方向的情况时，裁判员可临时移开该球，待他球击球完毕后复位。

（3）进场：在裁判员呼叫该球时，其可由界外击打到界内。在这一过程中，该球如果触碰到界内的其他球、从界内又滚出边线时，则该球再次成为界外球，裁判员将其放置在新的出界点外 10 厘米处，被触碰的他球放回原位；该球如果通过球门或撞柱，不得分。

4.2.5 有效移动和无效移动

比赛中，球在比赛场内改变位置的过程就是球体移动，分有效移动和无效移动。

有效移动：击球员合法击球（或闪击）使自球和他球产生的移动。此外，以下情况也判定为有效移动。

（1）球成功通过一门时，碰撞一门后的球造成的移动。

（2）贴靠在中柱、球门立柱上的球，受到有效移动球的震动而产生的移动也为有效移动。

（3）自球正常滚动时被一个与本场比赛无关的场外球恰巧碰到产生的移动。

无效移动：因犯规和无效比赛行为产生的球的移动。被移动的静止球须恢复原位，无效移动还包括以下情况。

（1）通过一门时，碰撞一门前的他球造成的他球直接、间接移动。

（2）击球员身体、球槌等碰到界内球使之直接或间接移动。

（3）未能落位入场内的界外球的移动。

（4）球撞击中柱后的移动，以及撞击中柱后造成的他球移动。

（5）闪击过程中造成自球或他球的非正常移动，如踩球时自球移位，或不小心触碰到旁边的静止球等情况。

（6）其他意外情况，如击球员的服装和携带物等碰到了球所造成的移动。

4.2.6 有效比赛行为和无效比赛行为

击球员在场上的所有行为分为有效比赛行为和无效比赛行为。

有效比赛行为：按规则进行的比赛行为，包括正当的比赛行为和犯规的比赛行为。犯规的比赛行为需要由裁判员判定。

无效比赛行为：在裁判员用时、暂停、犯规判定等期间，击球员或其他队员的比赛行为。这种行为造成的结果无效，各个球需恢复原位。

4.2.7 主、副裁判员与甲、乙裁

在比赛中，主裁判员、副裁判员是由场地裁判组长根据每场比赛的需要而临时任命的，他们在每场比赛中有不同的职责、权利，不可相互更换；甲裁、乙裁是主、副裁判员共同执裁时，根据不同的分工产生的临时称呼，可随时更换。甲裁主要观察击球员击球过程，乙裁主要观察击球员击球后球的运行及落位情况。在比赛中，甲裁、乙裁根据"甲乙对角线，彼此面对面"的原则站位，根据"甲裁跟自球跑，乙裁跟他球跑"的原则跑位，本着"省时、省力、方便、机动灵活"的原则换位。

4.3 门球常见的击球犯规及处罚

犯规是指比赛中违反规则的行为。裁判员需要学习如何根据规则判定和处理赛场上的犯规行为，教练员和运动员需要学习如何根据规则在比赛中避免犯规行为。

击球是门球运动基本的技术，击球包括撞击他球、自球过门、撞柱、送位等。击球员在击球环节除了把握好力度和准度，还要时刻预防可能出现的各种犯规行为，确保顺利完成比赛任务。

4.3.1 超时犯规

4.3.1.1 关于超时犯规

击球时，从裁判员呼号，到击出该球，应该在10秒内完成。闪击时，

从撞击结束两球停稳时开始计时，从捡拾他球到闪击完成，要在 10 秒内完成。超过 10 秒则被判"超时犯规"。

（1）如何计 10 秒？由裁判员默念读秒认定，以裁判员计时为最终计时。若有设定计时员的比赛，以计时员的计时为准。

（2）为何会超时？击球员目标不明确，对击球目标犹豫不决；场外教练员指挥太多，意见分散，击球员无所适从；撞击分球两球距离较远，捡拾球后移动过慢。

（3）如何判定？超时犯规有预警阶段，裁判员会先报"8 秒、9 秒、10秒"，意在催促击球员尽快出手。如果 10 秒报完还没有出手，就是犯规行为。

（4）如何处罚？击球时被判定超时犯规，击球员的击球权被取消，退出场外，场内球维持原位。闪击时被判超时犯规，该击球员的闪击权和续击权被取消，并退出场外，自球被拿出界外成为出界球。被闪击的他球有两种处理方式：如果在捡拾球的过程中超时，则他球放回被撞击后的落位点；如果已经放置于脚下，但未闪击，则他球放在放球位置即可。

（5）在基层的老年康乐门球活动中，还有采用五轮制的比赛中，由于节奏较慢，可不执行此要求。

4.3.1.2 超时犯规案例解析

案例：

三门前⑨撞击⑦，⑨落位三门外柱右前方，击球员想把⑦送过三门，可过门有些难度，于是转身要送一号位。这时教练员说："时间要到了，⑦起不了杆了，带过三门！"击球员转过身，脚移动了一下自球，正要放球，被裁判员阻止，裁判员边呼"8 秒"边把⑨复位，呼"9 秒"，击球员踩住自球放⑦时，裁判呼"10 秒"，结果因超时犯规，⑨被拿出界外。

问：裁判的判罚合理吗？

答：裁判员的判罚是合理的。在教练员的指挥过程中，时间确实有所延误。击球员在闪击时，将自球踩在脚下来回移动虽不犯规，但如果其有因此而获利的可能，裁判员有权将自球复位，且所用时间应计算在 10 秒内。因为，如果击球员以此来拖延比赛时间，移动一次球则裁判员呼"稍等"复位，不计算在 10 秒内，如此反复使用此法，击球员可能将比赛时间消耗殆尽而因此获利。

4.3.2　连击犯规

4.3.2.1　关于连击犯规

在一次击球动作中，槌头端面两次触及自球的情况判定为连击犯规，一般有两种情况：在球槌击打到自球后，在同向挥杆的过程中再次触碰到自球，可能是不小心，也可能是主动"推球"前行（在小力度击打边线球时），这都是规则不允许的，裁判员需要将两球复位，并取消击球员的击球权。

判定连击的条件如下。

（1）看距离。自球、他球距离很近。

（2）看运行和打法（击球方式）。凡近距离正打他球，两球向同一方向走得很远，则判定为连击犯规。

（3）听声响。因同方向用力击球，自球因撞到他球瞬间停止，但槌头随后又打到自球，连续两次触及自球，发出两次声响。

出现上述情况，原则上都判连击。

4.3.2.2　不可判定为连击犯规的情况

（1）击球员击球瞄准时，球槌离自球太近，槌头端面不小心触及自球，击球员又击打自球，不判连击犯规，请击球员退场，球恢复原位。

（2）续击中，自球再次撞击被闪击过的他球，判重复撞击犯规。

（3）被撞击的他球碰到门柱后，反弹回来与自球相撞，不为连击，不犯规。

4.3.3　重复撞击犯规

4.3.3.1　关于重复撞击犯规

重复撞击是指自球在续击中，再次撞击被闪击过的球。无论这个再次撞击是主动还是意外，均判定为重复撞击犯规，自球放到界外，被移动的他球放回原位。

但是，如下情况不判定为重复撞击犯规。

（1）自球进一门时碰到了一门后的他球，续击击打这个球。

（2）自球在续击时击打到他球，他球在移动过程中碰到了已被闪击过的球。

（3）自球在闪击他球时，被闪出的他球在移动中碰到了已被闪击过的球。

（4）自球撞柱后，再次碰到已被闪击过的他球。

4.3.3.2　不可判定重复撞击的情况

（1）在一次撞击中，自球、他球在滚动中再次相碰撞，不犯规。

（2）自球击出后，因球未到位，击球员用槌头端面再次推击自球，判连击犯规。

（3）界外球进场后碰撞了场内静止球，判界外球进场犯规。

（4）被闪出的他球碰到门柱后，反弹回来再次密贴自球，判闪击犯规。

（5）已过三门的自球撞中柱后，反弹回来与已被闪击过的他球相碰撞，不犯规。

4.3.4　界外球进场犯规

4.3.4.1　关于界外球进场犯规

界外球在被击球员击打到界内的过程中触及他球（界内球和其他界外球）时，判定为界外球进场犯规。其处理方法为重新放回界外，并将他球恢复原位。

以下情况需酌情处理。

（1）界外球进场后击球员触碰到其他界外球，则复位即可，进场球有效。

（2）界外球进场后触及门柱或中柱，使贴靠在上面的他球产生移动，则移动无效需复位，但进场球有效。

（3）界外球进场时，如果有其他界外球影响到击球员的击球和站位挥杆，可以申请裁判员临时将其移开。

（4）界外球进场时，如边线内有界内球阻挡了自球线路，不可申请移开。

4.3.4.2　界外球进场场景解析

图4.2（a）：②为自球，不能移动，④、⑤可以申请移开，③不能申请移开；

图4.2（b）：②为自球，③可以申请移开。

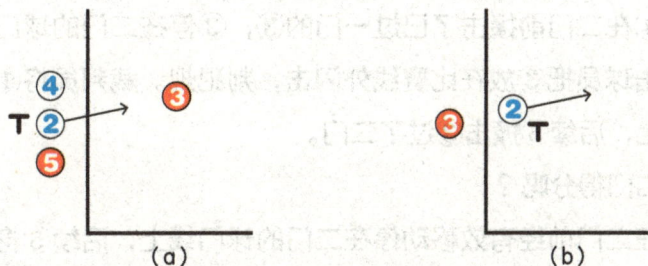

图4.2　界外球进场场景

4.3.4.3　界外球进场犯规案例解析

案例：界外球③从三门一号位进场时，触及了三门的左门柱，造成贴靠在右门柱的④移动并与之相碰。

问：如何处理？

答：根据"界外球进场后触及门柱或中柱，造成与该门柱或中柱接触的球发生间接移动，为无效移动"的规定，界外球③进场触及门柱造成贴柱球④移动，④的移动为无效移动。对照关于"如果一个有效移动的球被一个无效移动的球碰撞，则该球移动仍然有效"的规定，本例中有效移动的界外球③，被无效移动的④碰撞，则③移动仍然有效。综合以上情况，应做如下处理：④移动无效，恢复原位；③移动有效，碰到哪里算哪里。

4.3.5 过门与撞柱相关犯规和判罚

4.3.5.1 关于过门和撞柱

在门球比赛中，过门和撞柱是得分的手段，但必须遵循一定要求才能判定得分。

过门得分：界内有效移动的球按照指定的方向通过球门。

撞柱得分：界内有效移动的已经通过三门的球，触碰到中柱。

4.3.5.2 过门相关案例解析

案例：④在二门前撞击了已过一门的③，③停在二门的球门线上，④停在二线上，击球员把③放在比赛线外闪击，判犯规。裁判员将④放界外，③放回球门线上，后续⑤撞击③过了二门。

问：③二门得分吗？

答：③在二门前经有效移动停在二门的球门线上，后续⑤将③撞击过了二门，③二门得分。

4.3.5.3 撞柱相关案例解析

案例：已过三门的⑩擦打②奔中柱时，又撞上了已过三门的⑦，并导致⑦撞击中柱。

问：如何判罚？

答：⑩撞击了②和⑦，致⑦撞中柱，⑦撞柱得分，无须对⑦闪击。⑩需闪击②，闪击完成后有一次续击权。

案例：⑥过三门后，擦打已过三门的⑦奔向中柱，⑥在移动中撞击了中柱，⑦在移动中碰到了⑤，导致⑦改变方向也撞了中柱。

问：如何判罚？

答：⑥、⑦撞柱得分，⑤移动有效。

4.4　门球常见的闪击犯规及处罚

闪击作为门球的特有技术，击球员从捡球、踩球、放球、击球到抬脚，都需要注意遵守规则。如果被判定为闪击过程中犯规，就面临着自球拿出界外，失去续击权的判罚。

4.4.1　捡拾球犯规

撞击他球后，场上的所有球都停稳了，击球员捡拾他球，进入闪击阶段。击球员在捡拾球的过程中，会出现如下情况的犯规。

（1）两球未停稳即捡拾。

（2）当被撞击的他球旁边还有其他球时，发生了捡错球的情况。

（3）捡拾的他球拿在手中后不小心脱手，触及场内的自球、他球时。

（4）当同时撞击两个以上的他球时，要一个一个进行捡球、闪击，顺序自定，如果漏掉了该闪击的他球，则为闪击犯规。

（5）如果被撞击的几个球有跟自球贴靠在一起的情况，要优先处理贴靠的他球，顺序颠倒时为闪击犯规。

4.4.2　踩球犯规

闪击的踩球阶段，如果出现踩错球、触碰他球、脱脚等情况，则判定为踩球犯规。还有以下几点需要说明。

（1）这一阶段的操作顺序是先捡球后踩球，如果他球距离近，可以先踩球后捡球。

（2）踩住自球后，如果觉得脚踩的方向或部位不对，可以抬起脚另踩。

（3）踩住自球后，自球在脚下移动，只要不脱离脚的控制，不为犯规。

4.4.3　闪击放球犯规

闪击过程中将他球放置在脚下的过程中出现如下行为视为犯规。

（1）他球与自球没有紧贴在一起，造成闪击失败。

（2）自球靠近边线闪击时，将他球放到了界外。

注意：如果撞击后自球、他球接触，可以省略捡球、放球的程序，直接踩住自球、他球进行闪击。

4.4.4　闪击击球犯规

4.4.4.1　关于闪击击球犯规

闪击击球是指击打自球后将力量传递给他球，使他球离开自球的过程。

在这一过程中，以下情况属于犯规行为，按闪击犯规处理。

（1）闪击后他球移动未超过 10 厘米。

（2）闪击他球时自球、他球都脱脚，俗称“双飞”。

（3）球槌未击打到自球，而是击到了自己的踩球脚。

（4）球槌击打自球时，放球的手未离开他球。

（5）被闪击的他球碰到球门立柱或中柱反弹后，停稳时与自球接触。

关于 10 厘米的规定，在以下情况下可以不判犯规。

（1）闪击他球出界，被闪击的他球移动不足 10 厘米，因为他球已出界，仍算闪击成功。

（2）闪击他球撞柱，被闪击的他球移动不足 10 厘米，因为他球已撞柱，仍算闪击成功。

（3）闪击他球后，他球碰球门或其他障碍物反弹回来距自球不足 10 厘米，因为他球实际移动距离已超 10 厘米，所以仍算闪击成功。

4.4.4.2　闪击击球犯规案例解析

案例：闪击时，球槌先打到自球后插入脚下，槌头侧面触及自球。

问：如何判定？

答：闪击时，槌头插入脚和自球之间的缝隙，若槌头端面先打到自球后插入脚下，且他球移动距离超过 10 厘米，应视为同时打到球和脚，不算犯规。如果闪击时没有打到球，球槌直接插入脚下或被闪击的球移动距离不足10 厘米，应判闪击犯规。

4.4.5　闪击击球后犯规

4.4.5.1　关于闪击击球后犯规

被闪击的他球超过自球 10 厘米后，闪击的程序就自动结束了。击球后踩球脱脚时，判闪击犯规，自球拿出界外，失去续击权；闪击后抬脚致使自球移位，判击球犯规，自球复位，失去续击权。

4.4.5.2　闪击击球后犯规案例解析

案例：闪击他球移动 5 米距离尚未停稳时，击球员抬脚不慎导致自球离开原位。

问：应如何认定和判罚？

答：闪击后自球脱离脚下分两种情况：由于击球的原因，判闪击犯规；由于抬脚的原因，判闪击成功。本案例击球员在闪击他球移动 5 米距离时，抬脚导致自球离开原位犯规，所以，应判定闪击成功，他球移动有效，但因他球还没有停稳，闪击还不算完成，所以自球还要拿出界外。

4.4.6 闪击多球犯规

4.4.6.1 关于闪击多球犯规

如果击球员一次击球撞击多个他球，规则规定，需要分别对被撞击球进行闪击，闪击完成后，自球可获得续击权。在这一过程中，容易出现忘记闪击某球或闪击未完成就进行下一个操作等行为，这些行为都会被判定为闪击犯规，自球要拿出界外。

4.4.6.2 闪击多球犯规案例解析

案例：⑨擦⑦后又撞击了④，击球员闪击⑦后忘记闪击④就续击，⑨又碰撞了④。

问：这是重复撞击吗？裁判员如何处理？

答：不是重复撞击。因没有闪击④，在续击的瞬间就犯规了。闪击是一个程序，撞击了两个球，必须将两个球闪击完后才有续击权，击球员忘记闪击④就续击，违背了闪击程序。裁判员应将自球⑨拿出界外，④放回原位。

4.5 门球常见的其他犯规及处罚

下面介绍门球比赛中常见的犯规行为和处罚方式，如触球犯规、妨碍比赛、取消比赛资格、违反体育道德等。此外，下面还会介绍需要裁判员确认的事项，以及裁判员的失误和处理等内容。

4.5.1　违规上场

4.5.1.1　关于违规上场

违规上场是指违反竞赛规则和规定上场参赛的行为，如下列情况。

（1）未列入参赛名单者，或虽列入参赛名单，但未列入击球顺序名单者上场比赛。

（2）使用不合格的器材或穿着不合格的服装上场比赛。

（3）被替换下场的队员再次上场比赛。

（4）不符合参赛规定的参赛者（如年龄、职业、性别不符，跨队的参赛者等）上场比赛。

违规上场的处理如下。

（1）取消该队该场比赛资格，判对方球队 10∶0 获胜。

（2）按照有利无利原则，不使被取消比赛资格方及相关球队获利，可另罚。

4.5.1.2　违规上场案例解析

案例：某单位有两支球队参赛，预赛时一队没有出线，二队出了线，一队老李到二队参加决赛，比赛打到第 23 分钟时被发现。

问：如何判罚？

答：一队老李不是二队的队员，到二队参赛，是跨队参赛行为，应按违规上场处理，取消该队该场的比赛资格，判对方球队 10∶0 获胜。

4.5.2　替换犯规

4.5.2.1　关于替换上场的程序规定

（1）应在主裁判员呼叫该球号之前申请替换。

（2）只允许队长或教练员向记录员提出替换申请。

（3）记录员向主裁判员报告批准后方可替换。

（4）当主裁判员呼叫到该球号时，替换队员没有佩戴好号码布，裁判员可直接呼叫下一号。

4.5.2.2　关于替换犯规

替换犯规是指未办理替换手续的替补队员上场参加比赛。

替换犯规的处理：裁判员宣布击球无效，并令该替补队员退到场外，取消该球号替换犯规时的得分，将所移动的球恢复原位后，呼叫下一球号。

4.5.2.3　替换犯规案例解析

案例：白方队长或教练员未向记录员申请替换队员，6号队员便将号码布交给替补队员，由替补队员上场比赛，直至比赛结束，⑥得2分，比赛结果16∶17，白方胜。红方向裁判员提出："6号队员未向记录员申请办理替换手续就上场参赛，应判白方替换犯规。"

问：裁判员如何处理？

答：扣除6号队员所得的2分，将白方的17分改为15分，比赛结果为16∶15，红方胜。

4.5.3　触球犯规

4.5.3.1　关于触球犯规

在规则规定可允许的行为以外，击球员触及了界内球和界外球，称为触球犯规。

规则允许的行为如下。

（1）自球准备进一门时，击球员用手捡球并放在开球区内。

（2）闪击时，用手捡拾他球，用脚踩自球。

（3）闪击时，踩自球在脚下后，允许放球的手接触他球。

判定触球犯规的行为如下。

（1）击球员的身体和球槌的其他部位接触自球。

（2）闪击捡拾球后，球脱手掉下触及他球。

（3）一门开球区放球调位时，用球槌后用脚触及自球。

触球犯规后需取消击球员的击球权，并做以下处理。

（1）触及静止球，被触及的球放回原位。

（2）触及移动的自球，自球放到界外。

（3）触及移动的他球，他球放回触球时的位置，自球放到界外。

4.5.3.2　触球犯规案例解析

案例：④撞击⑦，⑦在移动中碰到了⑨，击球员闪击⑦停稳后，没有抬脚就捡起了附近的⑨准备闪击。

问：如何处理？

答：本例④撞击了⑦，有对⑦的闪击权。⑨的移动不是④撞击的结果，而是⑦碰撞所致，④对⑨没有闪击权。击球员捡⑨闪击，为触静止球犯规。因触球犯规发生在被闪球⑦停稳后，不属闪击过程犯规，应按击球过程中犯规处理。判罚：④留原地，⑨放回碰撞后的位置，取消续击权。

4.5.4　妨碍比赛的违规

对妨碍比赛的违规行为的规定是我国门球规则的特色，规范参赛行为，是为了确保赛事圆满举行。

违规不同于我们平时所说的犯规，击球员、非击球员（包括场上其他球员、替补队员、教练员）都可能因为某些妨碍比赛的言行而违规，需要视情节的不同而对其采取处罚。

酌情处理的行为：非佩戴教练员标志的人指挥、非击球员进入限制线内、询问经解答后再次追问或指责裁判员、在场边大声喧哗、喝倒彩等，初次违犯只给予警告；再次违犯，则要对违规者进行处罚，取消其击球权；若违规者没有击球权，则取消下一号队员的击球权。

4.5.5　取消比赛资格的犯规

取消比赛资格的犯规包括弃权、拒绝比赛和犯规上场。

弃权和拒绝比赛通常情况下很少发生，即使出现了也多是球队的集体行为。需要说明的是，弃权的发生，可能是出于无奈，如比赛开始时球队不足5名队员，也可能是出线无望主动放弃，还可能是因为不服裁判员的判决，拒绝继续比赛。这些行为无益于比赛的公平公正，因此需要受到处罚。

犯规上场包括多种情形，其中主要有两种。

一是器材和服装不在比赛主办方和规则允许的范围内。如不符合"同队人员着装必须统一，必须穿平底运动鞋"的要求等。

二是已经被替换下来的球员再次上场参加比赛。门球规则规定比赛时每个球队允许有3名替补队员，但对每个球员来讲，被替换的机会只有一次，一旦被替换下场，就不允许再上场比赛了。特别要指出的是，更改击球顺序名单，也算替换行为，要注意遵守规定，不能随意更改。

4.5.6　违反体育道德的犯规

4.5.6.1　关于违反体育道德的犯规

任何影响比赛正常进行的行为，如用言行干扰对方击球员击球，在场地内划沟、砸坑或损坏场地，有意破坏场上局面或擅自移动场内外的球，使用污言秽语嘲讽、谩骂球员和裁判员，或进行人身攻击等，均视为违反体育道德行为，主裁判员可酌情采取以下措施：警告；取消击球权或闪击权；自球放到界外；取消过门、撞中柱的得分；取消教练员或队员的比赛资格，球拿到界外，但该球此前所得分有效；取消该队的比赛资格；如果犯规行为恶劣且情节严重，比赛组委会可对球员或球队给予禁赛处罚。

4.5.6.2 违反体育道德犯规案例解析

案例：比赛结束还剩 16 秒，场上比分 11：10，白方领先。轮及界外⑥起杆，⑦（已过三门）在中柱附近，⑧界外。若⑦起杆，红方必胜。此时⑥为了达到延时取胜的目的不让⑦起杆，用足 10 秒后，自球有意冲向场内球群，用故意犯规来延时，裁判员恢复场内球后，时间到，白方胜。

问：裁判员如何处理？

答：白方合理利用规则，用足 10 秒无可厚非。⑥故意冲向球群，想让裁判员摆放移动球来延时，属违体犯规。裁判员应宣布"暂停"，给 6 号队员"警告"处罚，将移动球复位后，再呼叫"7 号"。

4.5.7 需要裁判员确认的事项

4.5.7.1 裁判员确认事项

比赛中，以下六条由裁判员来认定。

（1）球是否停稳。

（2）球是否出界。

（3）球是否得分。

（4）球是否撞击。

（5）对 10 秒的判定。

（6）对 10 厘米的判定。

关于以下事项，击球员可以向裁判员请求确认。

（1）球与球是否接触（密贴）。

（2）球是否压在球门线上。

（3）停在球门线上的球是门前球还是门后球。

（4）闪击时所放的他球是否压在球门线上，是否与中柱接触。

（5）成功撞击的球号。

（6）成功过门的球号。

4.5.7.2 裁判员确认事项案例解析

案例：②撞击④并闪送至⑤，停止时两球密贴。待裁判员呼"4号"时，4号击球员快速走到自球旁自言自语地表示"这是密贴球"，随即击打自球，而⑤没有动感。当自球停稳时，4号击球员立即捡拾⑤。

问：裁判员怎么判？

答：自球与他球密贴时，必须请裁判员确认后击打自球才算撞击了他球。本案例中击球员没有申请确认就击打自球，且他球没有动感，所以不算撞击了他球，应判触球犯规，将⑤放回原位，取消击球权。

4.5.8 裁判员的失误与处理

4.5.8.1 关于裁判员的失误与处理

裁判失误是指裁判在执裁中出现误判、漏判，或行为疏忽导致出现与规则要求不符的现象。与其他体育项目一样，裁判员在比赛中出现失误是难以避免的现象，可本着如下原则进行处理，保持理解和包容的态度。

（1）可恢复的情况，需要及时发现、纠正，记分疏漏错误时要及时修改比赛记录表。

（2）本着"过号不纠"的原则，发现错误时下一号球员已经开始击球甚至更晚才发现之前的错误时，则不再恢复，以场上形成的局面为准。

（3）裁判员不小心触及静止球时要及时恢复，触及移动球时，则碰到哪里算哪里，但已经宣判出界的球被踩到边线上，应该再放到界外。

4.5.8.2 裁判员失误案例解析

案例：记分台宣布"时间到"，此时场地上的4号击球员在击球中，待4号击球完毕，红方分数领先，可是主裁判员又呼叫了5号，场外有人提出"比赛时间到了"。主裁判员认为呼叫了就有效，待5号击球结束，接着呼叫了6号，⑥进二门得分，续击中又将已过三门的⑩闪送中柱得分，白方分数反超。

问：裁判的呼号正确吗？

答："时间到"，4 号击球完毕，主裁判员应宣布"比赛结束"。主裁判员因故未宣布而呼叫了 5 号，发现后，应及时纠正，宣布 5 号击球无效。主裁判员认为呼叫了 5 号，就应呼叫 6 号是错上加错，应予纠正。判罚：5 号、6 号击球无效，比分恢复到 4 号结束时状态。

4.6　门球裁判员手势动作及宣判要求

4.6.1　宣判和手势的基本要求

对姿态的要求——立正姿势。

对手势的要求——指向正确、准确规范、左右手不限。

对宣判的要求——清晰洪亮、及时果断。

裁判员所做的各种手势均建立在立正姿势、五指并拢的基础上，做手势时身体始终保持立正姿势（图 4.3）。

图 4.3　立正姿势

4.6.2　宣判和手势的基本动作

（1）准备完毕（图 4.4）。

多场次比赛时，面对总记录台立正，右手握拳直臂前挥（第一动），然后上举至头上方（第二动），拳心向前。

第一动（侧面）　　第二动

图 4.4　准备完毕手势

（2）呼号（图4.5）。

面向该号击球员，直臂前挥上举，并伸出手指，以指数展示所呼号数（6号以上，号数用双手做出），同时呼号。呼号后，手势稍后收回，等待击球员做出反应。若确认击球员无反应，则要再呼叫一次。

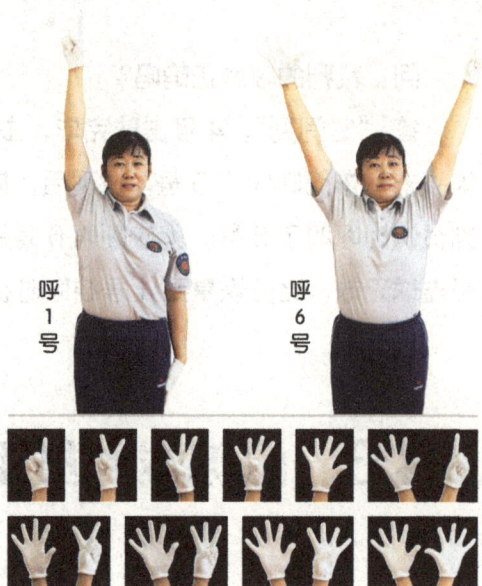

图 4.5　呼 1～10 号手势

（3）过门得分（图4.6）。

● 第一动：站在球门侧面（进一门时在一门后），面对球门立正，单臂（左右手均可）平屈，五指并拢，掌心向下，于身体中轴线位置至胸前，同时宣报"×号"。

● 第二动：展前臂（左右手均可）由胸前侧向伸直，成侧平举指向过门方向，目光随时注意击球员的行为，同时宣报"×门得分"，要求与第一动连贯自如，屈臂动作要迅速、有力。

图 4.6　过门得分手势

（4）撞击（图4.7）。

● 第一动：跟球跑动到位，面向撞击点立正保持一定距离，单手握拳屈臂上举，前臂与地面垂直，拳至肩高，拳心向内。

● 第二动：前臂向前下方伸直，

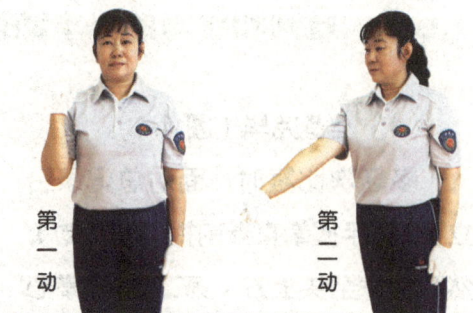

图 4.7　撞击手势

同时伸出食指指向撞击点，并宣报"撞击 × 号"，动作简捷、迅速、有力。

（5）球出界（图4.8）。

就近面对球出界的位置，单臂伸直向上举，五指并拢，掌心向前，手掌至头上最高位置，同时宣报"×号出界"。

图 4.8　球出界手势　　图 4.9　警告手势

（6）犯规与警告（图4.9）。

手势同"撞击"的第一动，当拳至肩高时宣报"犯规"或"警告"。屈臂动作要迅速、有力。

（7）撞中柱得分（图4.10）。

面向中柱，两臂伸直至最高处，五指并拢，前挥，掌心向内，斜上举成60°，同时宣报"×号撞柱"。

图 4.10　撞中柱得分手势

（8）界内球（图4.11）。

●第一动：面向场内，立正，单臂屈肘，五指并拢，前臂向身体内侧横向摆至45°，掌心向后。

●第二动：前臂向体外侧下摆伸直，约与地面成45°，掌心向内，不需宣报。

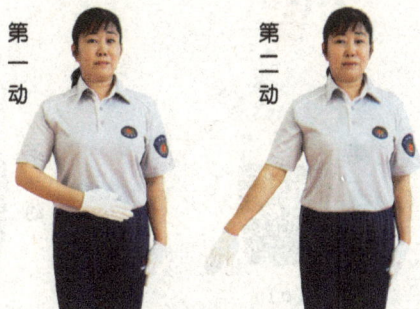

图 4.11　界内球手势

（9）稍等（图 4.12）。

在击球方向线的一侧立正，五指并拢，掌心正对槌头击球面的方向，将手臂伸向前下方，处在拦截击球方向，同时宣报"稍等"，收回手臂后即允许击球。

图 4.12　稍等手势

（10）暂停（图 4.13）。

面向记录员，一臂屈肘使前臂于胸前水平放置，五指并拢，掌心向下；另一臂屈肘仰腕，五指并拢，使手掌垂直于地面，中指与另一掌心相接触。双臂同时向上移动，待掌心向下的上臂至肩高时止，同时宣报"暂停"。

图 4.13　暂停手势

（11）比赛结束（图 4.14）。

●第一动：面向开球区，两臂伸直经由身体两边侧上举，五指并拢，掌心随上举动作，从向内、向前、向上转至两掌心相对。

●第二动：屈肘，两前臂在头顶上方于手腕部交叉呈 X 形，同时宣报"比赛结束"。

（a）　　　　　　　　（b）

图 4.14　比赛结束手势

4.6.3 宣判和手势的注意事项

在执裁实践中，有很多组合情况要合并宣判和处理，裁判员可参照以下原则，并注意宣判时的相关问题。

4.6.3.1 可连续做的宣判和手势

在场上需要裁判员宣判的情况连续出现，或在一次击球后出现多种情况，间隔时间较短时，依下列方式处理。

（1）可不恢复到立正姿势，接着做下一个宣判手势。

先撞击后自球或他球过门：撞击 × 号，× 号 × 门得分。

先过门后撞击：× 号 × 门得分，撞击 × 号。

过门后球出界：× 号 × 门得分，× 号出界。

（2）为同一性质时，可以合并宣判和手势。

（3）撞柱和比赛结束时，不允许连续做宣判和手势。

4.6.3.2 可省略部分宣判和手势的情况

不影响击球权时，可以省去部分宣判和手势。

（1）撞击后自球或他球出界：只宣判"× 号出界"并做手势（撞击 × 号可省略）。

（2）撞击后自球或他球撞柱：只宣判"× 号撞柱"，并做手势（撞击 × 号可省略）。

4.6.3.3 可合并宣判和手势的情况

在一次击球后，多个球出现相同情况，可合并宣判。

（1）撞击两个或两个以上他球。

宣判：撞击 × 号、× 号（按碰撞的先后顺序）。

手势：只做一次手势，但要连指两个撞击点。

（2）两个或两个以上的球出界。

宣判：×号、×号出界（按球出界的先后顺序）。

手势：只做一次手势。

（3）两个球过门得分。

宣判：×号、×号×门得分（按球过门的先后顺序）。

手势：只做一次手势。

（4）两个球撞中柱。

宣判：×号、×号撞柱（按球撞中柱的先后顺序）。

手势：只做一次手势。

4.6.3.4 呼号时的特别要求

（1）呼号是主裁判员的职责。

全场呼号必须由主裁判员担任，副裁判员、记录员不得呼号。

（2）主裁判员要养成记号和预测的习惯，不用他人提示，杜绝空场找人。

副裁判员、记录员如发现击球员已离场等情况，应立即报告主裁判员。

（3）把握呼号时机。

球击出后，无过门撞中柱得分、无撞击、无出界、无犯规等情况，可在球滚动时直接呼叫下一号。但需确保下号击球员击球时，场内球要停稳；确保裁判员能按时到位。

（4）主裁判员要避免比赛时间到之后的呼号失误。

如若发生，需及时纠正。

（5）注意呼号时与击球员的距离。

比赛中主裁判员呼号时需面向轮击球员，声音需要清晰、洪亮，以便远距离呼号也能让击球员听清。

主裁判员呼号后，主、副裁判员中离击球员近者去执行甲裁任务；若距离相等时，原则上由主裁判员去执行甲裁任务。图4.15（a）中，轮及2号球员击球，主裁判员离2号球员较远而副裁判员较近时，主裁判员在远处呼号，副裁判员去执行甲裁任务。图 4.15（b）中，轮及 7 号球员击球，主、副裁判员都离 7 号球员较远，副裁判员执行乙裁任务还需处理出界球或其他移动球时，为节约裁判用时，主裁判员可面向 7 号球员跑一段距离后停下来呼号，然后去执行甲裁任务。主裁判员停下呼号的位置，应和 7 号球员到达自球的距离大约相等，确保 7 号球员击球时裁判员都能到位。

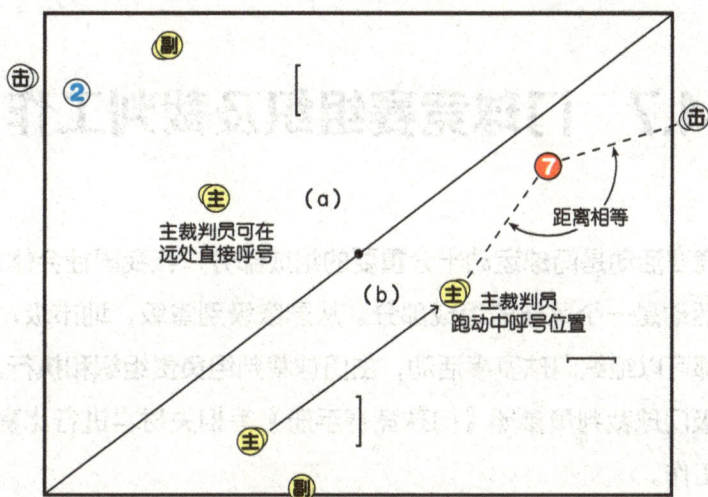

图 4.15　甲乙裁换位

4.6.4　如何做好宣判的配合工作

1. 快速到位

赛场上可能出现以下情况：球过了门滚回来压在球门线上，越过了比赛线的出界球返回界内。若裁判员没有迅速到位，把场上的情况观察清楚，就不可能及时宣判，甚至会出现差错。

2. 把握宣判时机，减少裁判用时

如球出界，乙裁未拦住，应立即宣布，不用等到捡球摆放后再宣布。

3. 明确分工，不让不争

通常闪送他球进门、撞柱由乙裁宣判；闪击犯规、自球过门、撞击他球、

撞柱由甲裁宣判；球出界由乙裁或记录员宣判，球过门后出界由甲裁宣判。撞击发生时，甲裁未到位，乙裁应主动宣报"撞击 × 号"。对于远距离（10米以上）的撞击，年龄偏高的、跑动困难的裁判可在赛前约定由乙裁宣判，也可预先约定由甲裁宣判。注意避免相互推让、争着宣判、延迟宣判或未宣判的现象。

4.7　门球竞赛组织及裁判工作

门球竞赛活动是门球运动十分重要的组成部分，在我国社会体育事业中，门球赛事活动是一个重要的组成部分。从国家级到省级、地市级、县级，甚至社区，都可以组织门球赛事活动，由门球裁判组负责组织和执行。

请各级门球裁判员参照《门球竞赛手册》等相关材料进行比赛组织，并做好如下工作。

4.7.1　赛前裁判员的准备工作

在正式的比赛中，每场比赛开始之前，场地裁判组都有一系列的工作要完成。

4.7.1.1　赛前准备

赛前 30 分钟，裁判员到指定场地就位后，场地裁判组长召集本场裁判员开会，部署工作，宣布分工，提出要求。

裁判组长检查临场执裁工作所需的各种用具的准备情况：比赛用球、号码布、裁判标志、挑边器、裁判工作卡（7.5 厘米和 10 厘米测量工具）、比赛记录表、记录笔、记录夹、计时表、胶水、裁判手套等；并检查球门、中柱、球门线等是否符合规则要求，准备一本《门球竞赛规则》放在工作台上。

4.7.1.2　组织选攻

赛前 10 分钟，总记录台播报"请各场地组织下一场比赛队伍选攻"的指令后，场地主裁判员通知参加本场比赛的双方队长到工作台前进行选攻，主裁判员及双方队长之间相互致意后，主裁判员组织选攻，以抛币形式确定先攻队、后攻队。

双方队长填写击球顺序名单，并经记录员审核无误后（填写是否完整，参赛队名、上场队员、替补队员、教练员是否与报名表一致，队长球号上是否画圈等），贴入比赛记录表。双方队长可查看此表，但击球顺序不允许再改动，若球队要求变动，应按替换规定进行，并报告主裁判员。

4.7.1.3　比赛检录

赛前，裁判员组织双方队员对比赛器材、服装以及录入比赛记录表中的内容进行审核检查，称为检录。

（1）列队。赛前 5 分钟，执场裁判员带领双方队员、教练员（包括替补队员）到检录区列队。赛前列队方式如图 4.16 所示。

（2）检录。记录员根据击球顺序名单上的内容及要求，逐队、

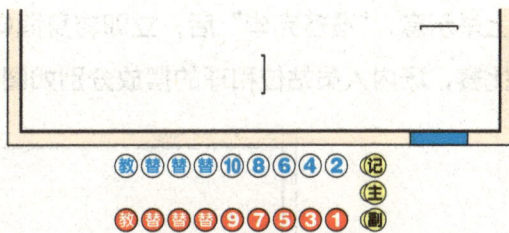

图 4.16　赛前列队方式

逐人审核双方上场队员与填写的击球顺序名单是否相符，如有不符，不允许其上场参加比赛。核对双方第一场上场队员名单特别重要，它是确认该队本次比赛人员资格的依据。

（3）主裁判员宣讲。主裁判员首先向双方队员介绍本场比赛对阵双方，并引导双方队员致意；然后介绍执裁裁判员（主裁判员×××，副裁判员×××，记录员×××）；最后介绍比赛注意事项、规则要点、易犯规提示

及组委会相关要求，并检查队员球槌、服装、鞋和教练员、队长标志等。

检录完毕后，变换队形，两队合并为一队，由主裁判员引领步入比赛现场。

4.7.1.4　带队入场

总记录台发出运动员入场的指令后，由主裁判员引领裁判员、运动员按球号顺序呈比赛队形列队入场。练球 1~5 分钟后，待总记录台发出"各场地停止练球，一角列队"的指令后，主裁判员引导队员到一门左侧 1 米处列队站立，并将自球拿在手中，再面向总记录台站立，等待询问。大型比赛的决赛中，可设定入场仪式，由裁判员和双方队伍全体队员在场地中心列队，由广播员介绍裁判员和双方队长、教练员、队员，介绍完毕后播报"请参赛双方退场，呈比赛队形站位"，在参赛双方都退至限制线外一角处呈比赛队形时，宣布"比赛开始"。

4.7.1.5　准备完毕

当总记录台询问各场地准备是否完毕时，主裁判员握拳掌心向总记录台上举示意，"准备完毕"后，立即转身面向队员，准备开始比赛。不同赛制的比赛，场内人员站位和球的摆放分别如图 4.17~图 4.21 所示。

图 4.17　团体赛比赛开始时的站位

图 4.18 团体赛开球摆放

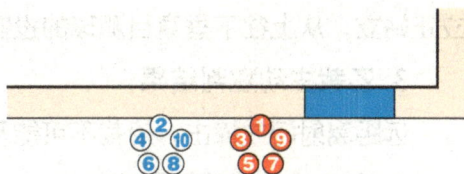

图 4.19 单人赛开球摆放

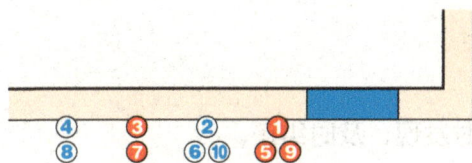

图 4.20 双人赛开球摆放

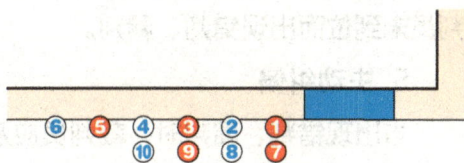

图 4.21 三人赛开球摆放

4.7.2 比赛开始后的工作

总记录台宣布"比赛开始"后，主裁判员立即呼号，临场执裁人员应按分工到位执裁。记录员根据口令开表计时，临场执裁人员按分工到位执裁。特别说明以下几个问题。

4.7.2.1 裁判员应有的主动举措

门球裁判员是一项服务性强的工作，裁判员应主动做好以下工作。

1. 主动测球距

击球员闪击后，当对被闪他球与自球距离是否超过 10 厘米有疑问时，裁判员应拿出裁判尺主动测量距离，消除双方队员的疑虑。

2. 主动骑线看球的投影

出现以下情况，如界外球进场、场内球出界，以及进门球是否越过球门线，或者压线出现疑似情况时，裁判员应主动骑线（左右脚分别站在线的左右侧）

立正站立，从上往下垂直目测球的投影是否压线，立即判决。

3. 乙裁主动宣判结果

远距离射门或撞击，甲裁不可能及时到位宣判时，乙裁应主动宣布结果。

4. 主动使用"稍等"手势

当击球员改变闪击方向等情况出现，乙裁一时难以到位时，甲裁应主动使用"稍等"手势，等乙裁到位后再收回手势，允许击球员击球，以免因裁判员未到位而出现错判、漏判。

5. 主动纠偏

当出现错判、漏判时，裁判员应及时发现、及时纠正。

6. 主动暂停比赛

当裁判员出现失误，参赛队提出异议后，主、副裁判员不能统一看法，或因规则不熟悉难以答复时，主裁判员应主动宣布比赛暂停，请裁判组长或裁判长到场，讲明事由，正确判处，消除纠纷。

4.7.2.2 裁判员不得主动提示或作为的事

门球裁判员是赛场上的法官，其一言一行都应遵守规则。若其忽视规则，在执裁中主动向运动员提示，就有不公正之嫌。遇到下列情况，裁判员不得主动提示或作为。

1. 进一门

（1）呼号后，击球员用球槌拨球入场时，裁判员不得用任何方式制止其行为，待自球进入开球区或场内后依规判罚。

（2）开球进一门时，球未放在开球区内、重新进一门的球未放在开球区左侧端线上，裁判员不得提醒或暗示，击球后依规判罚。

（3）击球员用脚放自球或改放自球、手握槌头击球时，裁判员不得阻止，一旦发生判犯规。

2. 违规捡球

（1）自球进一门后碰撞了他球，击球员忘记了球过一门的规定，准备捡拾他球闪击时。

（2）自球撞击他球后远去未停稳，击球员捡拾近处他球时。

（3）击球员捡拾被撞击的他球掉在场内，用槌头拦截或勾捡时。

出现上述情况，裁判员不得提醒、阻止击球员，待问题发生后判犯规。

3. 捡错球

撞击后，自球、他球靠近或接触，击球员去捡自球，或者被撞他球与另一他球相接触，击球员去捡另一他球时，裁判员不得提示被撞击的球号，待捡拾后判犯规。

4. 击错球

击球员击打自球，认错球准备击打他球时，裁判员不得有提示或阻止行为，待击球后判犯规。

5. 踩错球

获得闪击权后，击球员把他球当自球准备踩时，裁判员不得提示或阻止，待踩球后判犯规。

6. 重复进门

击球员忘记自球或被闪他球已进二（三）门，又要重复进门时，裁判员不得提示。击球员击球后，主裁判员立即呼叫下一号。

7. 忘记双杆球

（1）击球员打了一个双杆球，因连续撞击他球等原因，忘记了还有一次续击权，便退出场内。这时裁判员不得提示"还有一杆"，到时提示"8秒、9秒、10秒"，击球员未返回击球判犯规。

（2）某队使用了一次双杆球后，该队击球员又打了一个双杆球，裁判员不得向击球员提示该队已使用一次双杆球，只能在击球员打出一杆后呼叫下一号。

8. 忘记闪击

自球撞击两个或多个他球，击球员在闪击过程中，忘记对另一个他球进行闪击时，裁判员不得提示"还有一次闪击权"，击球员击球后判犯规。

9. 闪击放球

（1）在边线闪击他球出界时，击球员把他球放在比赛线外闪击，裁判员既不能提示，也不得在击球员放球后未闪击时就宣布犯规，侍闪击后判犯规。

（2）闪送他球过门时，所放他球与球门线接触，击球员未申请确认，裁判员不得提示。待击球员闪击后，裁判员按正常闪击处理，不宣布过门得分。

（3）闪送他球撞柱，他球与中柱接触，裁判员不得提示，闪击后不宣布撞柱得分，按正常闪击处理。

10. 临时移开球

（1）击球员在边线击球，附近的界外球妨碍击球时，击球员未申请，裁判员不得主动移开妨碍击球的界外球。

（2）一门前的球和一门后未超过球门线 7.5 厘米的球妨碍进一门时，击球员未申请，裁判员不得主动移开。待击球员击球后，裁判员对移动的球恢复原位即可。

（3）界外球或一门前的球需临时移开时，只能由击球员提出申请，教练员或队员向裁判员提出无效，裁判员不得应允。

11. 接触球

击球时，自球、他球相接触，需请裁判员确认，击球员未申请确认，裁判员不得主动提示，待击球员击球后，他球有动感才判撞击。

12. 超时犯规

对于行动迟缓的击球员可能会出现超时犯规时，裁判员不得提醒或催促，只能依规处理，到时提示"8秒、9秒、10秒"，还未击球判犯规。

13. 报时

单独计时的比赛，记录员必须报告比赛的时间段："15分钟""10分钟""5分钟""时间到"。除此之外，其他任何时候裁判员不得另行加报时间，也不得提前预报时间，以避免出现提醒队员拖时或抢时之嫌。场上教练员、队长或队员向裁判员询问时间，裁判员可不予回答。有广播统一播报时间的，各场地记录员可以不再重复播报。

4.7.2.3 缺员比赛

在比赛中，有的上场参赛人员因某种原因（如身体不适等）不能继续参加比赛，又无人替换时，可由教练员或队长向裁判员申请缺员比赛，经裁判员同意后，进行缺员比赛；某队员因违体行为犯规，被裁判员取消比赛资格后，该队实行缺员比赛。

（1）比赛期间出现缺员时，缺员方的教练员或队长要及时报告主裁判员，讲明情况，经主裁判员同意后，记录员做好登记，比赛继续进行。

（2）缺员的比赛球要留在场内，在此之前的得分成立，其他击球员使其移动、得分等均有效。一旦该球撞柱得分或成为出界球（该球实际上已结束比赛），则不能再进场。

（3）一旦缺员，该场比赛只能缺员到底，不可事后再请人补缺。该员不可再上场参加比赛，也不允许参加平分决胜。

（4）比赛开始时，某队队员不足五人，不可进行缺员比赛，应按弃权处理，判对方 10∶0 获胜。若另一球队也不足五名队员，同样按弃权处理，双方比分按 0∶0 计算。

4.7.2.4 暂停比赛

暂停比赛是指主裁判员为处理场上问题暂时中止比赛，一般是技术性原因造成，裁判员主动决定的。

（1）参赛队不得要求暂停。

（2）暂停时比赛计时暂停。

（3）需暂停时，主裁判员做出暂停手势，宣布暂停。副裁判员要主动协助主裁判员维持好赛场秩序，保护好现场。记录员要及时停表。

（4）恢复比赛时，应按原暂停时的比赛状态和时间继续进行。

（5）注意，不要轻易暂停，能解释、能处理的问题，三言两语，尽快解决。不得已需要暂停时，应及时处理，消除争议，千万不要置之不理，一直呼号，任事态扩大。

4.7.2.5 中止比赛

中止比赛是指由于天气或其他原因迫使比赛不能继续进行时，主裁判员宣布暂时中止比赛的现象。中止比赛多由客观原因引起，不是队员的主观行为造成的，一旦做出"中止比赛"的决定，按下列规定处理。

（1）出现中止比赛，裁判员应封场，即场上的球不动，保持中止时的状态。同时记录员要停表并做好有关情况的记录。

（2）若该场比赛进行尚不足20分钟，因故中止比赛，并不能继续进行时，该场比赛无效，应重新确定比赛日期、时间和地点。

（3）若该场比赛已达20分钟及以上，因故中止且不能继续比赛时，主裁判员可作为有效比赛处理，宣布比赛结束，其比赛成绩有效，得分多者获胜，如平分则抽签定胜负。

4.7.2.6 拒绝比赛和弃权

拒绝比赛和弃权是两个不同的概念。

（1）拒绝比赛通常是指比赛中因出现纠纷或其他客观原因中断比赛，裁判员判定后宣布继续比赛，一方拒不执行的现象。

拒绝比赛的处理：取消不执行方该场的比赛资格，判对方球队10∶0获胜。

（2）弃权一般指参赛队自动放弃比赛的行为，在循环赛中易发生。弃权可能有如下情况。

一是参赛队因交通、自然条件等客观原因不能按时参赛导致弃权。

二是有资格、有能力、有条件的参赛队自动弃权。

弃权的处理：要客观分析，区别对待。如果属事出有因，应按正常比赛行为对待，做人性化处理，只对弃权场次记0分，判对方球队10∶0获胜；若属采取不正当行为帮助他方获利，可依据规则中"不让犯规方或相关的球队获利"的原则做适当处理，包括取消该队的比赛资格，并注意以该次比赛的竞赛规程为准。

4.7.2.7　平分决胜

比赛结束出现两队总分相等时，需组织比赛双方进行平分决胜。

（1）平分决胜的方法：由主裁判员负责组织，从比赛结束球号的下一组开始，一对一分别通过一门、二门决定胜负，并依此类推；当按照本次赛事规程规定的轮次不能决定胜负时，用抽签方式决定胜负；通过平分决胜和抽签决定胜负的，在胜队总分上加1分。

平分决胜可将自球放置在开球区的任意位置开球。

（2）参加平分决胜的人员：必须是比赛结束时的参赛队员。缺员不能替补，被取消比赛资格的队员和已替换下场的队员不允许上场参加平分决胜。

（3）记录平分决胜：记录员在记录平分决胜时，需等每球通过二门有结果后再记录。对通过了一门和二门的球，在比赛记录表中的平分决胜栏中的对应球号上画"〇"；对只通过了一门的球，在对应球号上打"√"；对未通过一门的球不做记号。同时还应注意记分牌是否显示比赛结果。

（4）填写比赛记录表：平分决胜（或抽签）决定胜负后，先在胜队总分上加1分后画圈，再在分数后面画一斜线"／"，斜线后面写上"平"（或"抽"）字。

4.7.3　比赛结束后的工作

比赛结束后，裁判员还需继续工作，参照以下程序执行。

4.7.3.1　宣布结束比赛

总记录台宣布比赛时间到，主裁判员应在后攻队击球员击球完毕后宣布"比赛结束"。在确定结束球时有以下情况需要注意（举例说明）。

总记录台宣布"时间到"：如果5号球员正在击球，⑥有一次击球权，⑥为结束球号；6号球员正在击球，⑥为结束球号；5号球员正在击球，⑥为界外球，或缺员比赛，或被取消比赛资格等，⑤为结束球号。

4.7.3.2 宣布比赛成绩

（1）比赛结束，主裁判员组织参赛队双方到三角（或大会指定地点）宣布比赛成绩。

与此同时，记录员迅速核加分值，复核后交给主裁判员宣布成绩。如队员对成绩提出异议，可由记录员向队员宣布个人得分，再次核对成绩。

（2）主裁判员宣布比赛成绩时应先检查一下双方得分，然后先宣布胜队总分，再宣布负队总分，并宣布××队胜。

（3）主裁判员宣布成绩后讲"请双方队长签字"。如果出现某队长拒绝签字，主裁判员在比赛记录表上注明"拒签"二字，主裁判员签字后的比赛成绩有效。

（4）比赛记录表经主、副裁判员签字，裁判组长审核后，由记录员上交总记录台。

4.7.3.3 收回有关标志和器材

比赛结束后向退场队员收回队长、教练员的标志以及号码布、队名牌等。

附 录

门球常用名词及术语

一、描述单个球的常用术语

（1）号球：每个球都有各自的球号，红方为①③⑤⑦⑨，白方为②④⑥⑧⑩，这些球统称为号球。

（2）自球：比赛中，球员自己所打的号球。

（3）他球：比赛中除自球外的其他球，可细分为己方他球和对方他球。

（4）己方球：自己球队队员的号球。

（5）对方球：对方球队队员的号球。

（6）在杆球：获得击球权的号球。

（7）临杆球：在杆球的对方下一号球。

（8）待杆球：在杆球的己方下一号球。

（9）上号球：按轮击顺序，某一号球前的第一个己方球和第一个对方球，称为该号球的上号球，又称为己方上号球和对方上号球。例如③和④，都是⑤的上号球。

（10）下号球：按轮击顺序，在某一号球后的第一个己方球和第一个对方球，称为此号球的下号球，又称为己方下号球和对方下号球。例如④和⑤，都是③的下号球。

（11）邻号球：按轮击顺序，与某一号球紧邻的己方前号球和己方后号球称为该球的邻号球。例如③和⑦，都是⑤的邻号球。

（12）隔号球：按轮击顺序，与某一号球相隔一个己方球号的己方前号球和己方后号球称为该球的隔号球。例如①和⑨，都是⑤的隔号球。

（13）先手球：按照门球比赛的轮击顺序，于在杆球后，先轮击的球是先手球。例如③是在杆球，则④为先手球。

（14）后手球：后手球则是相对于先手球而言的，是在先手球后的对方的下号球。例如④是先手球，则④以后的号球称为后手球。

二、描述场上球落位情况的术语

（1）界内球：成功通过一门并停留在比赛线内或压线的球。

（2）界外球：由于球出界或违犯规则，被裁判员放置在比赛线外的球。

（3）静止球：停留在场内并处于静止状态的球。

（4）滚动球（移动球）：经过击球员击打、撞击、闪击后，在场内正在移动的球。

（5）柱球：已经撞柱得分的球。

（6）错位球：一前一后形成错位的两个号球。

（7）眼镜球：并列相隔 10 厘米左右的两个号球。

（8）密集球：三个（或以上）集结距离较近的号球。

三、战术相关术语

（一）战术球术语

（1）守门球：在球门附近占据重要位置，能阻止对方的球靠近球门的己方球。

（2）压线球（压边球）：球的投影压在比赛线上的球。

（3）靠边球：距边线不超过 20 厘米的界内球。

（4）保护球：可防止对方派遣球攻击己方球的己方先手球。

（5）接力球（接应球）：为己方球进攻、过门提供帮助的球。

·直接接力：将自球击打到己方下号球的附近。

·间接接力：撞击他球后，闪送他球落位己方下号球附近为其接力。

·隔门接力（拉手）：击打自球（或闪送他球）到门后，为己方下号球过门后的进攻接力。

（6）借用球（过渡球）：为己方先手球所用的对方他球。

（7）派遣球：通过闪送去执行战术任务的己方先手球。

·直接派遣：将己方先手球直接闪送到场上某一位置的派遣。

·间接派遣：将己方隔号球闪送到己方下号球处，再由己方下号球闪送的派遣。

（8）双杆球：自球成功通过二门或三门的同时，又有效撞击了他球，或撞击他球的同时自球又通过了二门或三门，闪击完成后获得两次续击权。

（9）堵门球：占据门后位置为己方下号球造打双杆球或是为对方过门球设置障碍的球。

（10）王牌球（绝对先手球）：当在己方先手球球号前的对方上号球是界外球时，称此先手球为绝对先手球。例如⑥是先手球，对方⑤在界外，则⑥为绝对先手球，即王牌球。

（二）常见战术术语

（1）派送王牌球：如⑤处在界外，④撞击到⑥，派送⑥过门得分、撞柱得分或是攻击对方的战术行为称为派送王牌球战术。

（2）潜在王牌球：对方上号球是界外球的己方非邻号界内球被视为潜在王牌球。如在杆球是②，⑤处在界外，则⑥为潜在王牌球。

（3）二层占位：在二门二号位附近的球。

（4）拔钉子：撞打对方守门的球。

（5）结组战术：使己方两个或两个以上的号球互相联系、相互策应、互相保护的一种战术形式。其方法如下。

·连号结组：己方相邻号球之间的结组。

·隔门结组：己方待过球门的号球与球门后的号球隔着球门结组。

·隐性结组：通过轮击顺序和轮次转换才显现出的结组形式。

（6）轮次前抢战术：己方球本轮次以后的战术任务，提前到本轮次来完成。

（7）进一冲二占三战术：某号球进一门进场后，冲过二门得分后，奔三门一号位占位的开局战术。

（8）一门留球：开局阶段双方还有多个球在第一轮、第二轮不进一门而留球，有利于己方球进行战术配合。此种战术部署，在门球比赛中统称为一门留球。

（9）边角战术：将己方球沿边角布局的待攻战术。

（10）时间战术：通过击球达到节省比赛时间（抢时）或在规则的允许下消耗比赛时间（拖时）的战术。

（11）反压边战术：使对方界外球难以进场压边（线）的战术。

（12）打腰造王战术：打掉对方某个号球，使与之相邻的己方球成为王牌球。

（三）比赛时间进程相关术语

（1）击次：击球员从击球开始到结束称一个击次。一个击次根据击球员的个人发挥水平而定，可以击打一杆，也可以击打多杆。

（2）轮次：按轮击顺序，从1号击球员上场击球到10号击球员击球结束称为一个轮次。

（3）开局：一般指比赛的第一轮、第二轮，或比赛前10分钟。

（4）中局：一般指比赛的第三轮到第四轮，或比赛中的第10~20分钟。

（5）末局（终局、残局）：通常指比赛的最后一轮，或最后10分钟。

四、门球裁判常用术语

（1）限制线：比赛区外侧0.5~1米处界定限制区外沿的线。

（2）比赛线：通称边线，是界定比赛区外沿的线。

（3）开球区：击球进一门时放置自球的区域，为长方形，其两条长边与四线、限制线重合，两条短边垂直于四线，其外沿垂点与一线分别相距1米、3米。

（4）球门线：两球门柱后沿地面之间的连线。

（5）中柱：垂直固定于场地中心，直径2厘米（±1毫米）、高出地面20厘米的圆形金属棍。

（6）自由区：限制线外可以自由活动的区域。

（7）记分牌：设置在场地周边，主要用于记录比赛得分的牌子。

（8）赛场询问：比赛中对判罚结果有疑问时，队长或教练员向裁判员现场提出的询问。

（9）认定事项：一般指裁判员对球是否停稳、出界、得分、撞击、10秒及10厘米的判定。

（10）赛前检查：检录时，裁判员对双方填写的击球顺序名单、上场队员、替补队员、队长、教练员及球槌和着装进行的检查。

（11）队员替换：替补队员替换场上队员的行为。

（12）替换犯规：未办理替换手续而替补队员上场参赛。

（13）缺员比赛：比赛期间，一方因故出现缺员（队员减少）时，经报告裁判员后继续进行的比赛。

（14）平分决胜：两队总分相等时，通过一对一"发点球"分别通过一门、二门或抽签决定胜负的方式。

（15）违规上场：违反竞赛规则和规定上场参赛的行为。

（16）击球员：呼号后，获得击球权，在场上有击球权利的队员。

（17）击球权：上场击球队员享有的权利，包括击球权和请求裁判确认权。

（18）超时犯规：击球员超过10秒未做出击球或闪击。

（19）有效移动：击球员合法击球或闪击使号球产生的移动。

（20）合法击球：击球员按照规则允许的方法和要求进行击球的行为。

（21）开球：击球员在开球区内击球过一门得分。

（22）续击权：击球员可以再次击球的权利。

（23）击球犯规：击球员违犯规则规定的击球行为。

（24）闪击权：撞击他球后，自球、他球均停在场内且未撞中柱得分，击球员获得对他球闪击的权利。

（25）重复撞击：击球员在续击中，自球再次撞击到被闪击过的他球。

（26）妨碍击球：妨碍击球员站位、妨碍挥杆、妨碍击球方向的比赛情形。

（27）界外球进场：击打界外球进入场内。

（28）进场犯规：击球员在击打界外球进场的过程中，触及他球（不包括无效移动的球）。

（29）触球犯规：击球员违反规则要求，触及界内球或界外球的比赛行为。

（30）违体犯规：球员因违反体育道德，而影响比赛正常进行的行为。

（31）暂停：主裁判员因故要求暂时停止比赛的行为。

（32）裁判用时：裁判员处理比赛有关事宜所用掉的时间。

（33）裁判员失误：裁判员在比赛中错判、误判、漏判的执裁行为。对此，遵循"过号不纠"的原则。

（34）推球：击球员在击球时，击球面与自球的球体接触呈同步伴送状态推进。

（35）连击：击球员在一次击球动作中，槌头端面两次触及自球的行为。

（36）比赛记录表：在双方的成绩栏中记录比分，在比分的下面记录积分，一般胜队用红字，负队用蓝字（或黑字）填写。